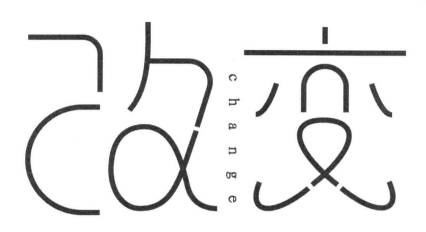

美丽乡村丁家垅

刘书良　著

中国农业出版社

北　京

图书在版编目（CIP）数据

改变：美丽乡村丁家垅 / 刘书良著. —北京：中
国农业出版社，2020.6
ISBN 978-7-109-26894-4

Ⅰ.①改… Ⅱ.①刘… Ⅲ.①农村－社会主义建设－
概况－攸县 Ⅳ.①F327.644

中国版本图书馆 CIP 数据核字（2020）第 090608 号

改变：美丽乡村丁家垅
GAIBIAN MEILI XIANGCUN DINGJIALONG

中国农业出版社出版
地址：北京市朝阳区麦子店街 18 号楼
邮编：100125
责任编辑：李昕昱　文字编辑：赵冬博
版式设计：李　文　责任校对：吴丽婷
印刷：中农印务有限公司
版次：2020 年 6 月第 1 版
印次：2020 年 6 月北京第 1 次印刷
发行：新华书店北京发行所
开本：700mm×1000mm　1/16
印张：8.25　插页：4
字数：119 千字
定价：48.00 元

作家的文学世界

（代序）

　　刘书良在我的视线里消失了好些年，他是一个忙起来不知道消停的作家。从熟知他的人的只言片语中得到他的一些信息，这些年他又是倾出心力办刊物，又是东奔西跑地采访，创作了一部又一部纪实文学。我真心地为他点赞，他还是当年留在我印象里那个乐于奔波、勤于写作的"拼命三郎"。

　　当下是一个物质充足的时代，不少人享受着太平盛世的舒适生活，过着衣来伸手、饭来张口的生活。在这样的现实中，如何追寻自己的精神世界，如何在喧嚣的世界里，安放一颗纯净的心灵，如何在诱惑迷人的世界里，选择人生勇往直前的目标，都是需要每个人认真思考的现实问题。前不久我看到书良，看到他浑身充溢着鲜活的创作力，听他深情地讲自己这些年的创作历程，又读到了他送来请我作序的书稿：《改变——美丽乡村丁家垅》，感受到了他用苍劲多彩的笔锋描写的农村壮美的改革画面。这部作品语言淡然纯朴，叙述轻松自如，视角变化自然。整个故事有一种莫明的吸引力在涌动。从作品看作者，和以往的书良比，今朝的书良更沉稳，也更豪放。观察、记忆、想象、感觉、语言、组织故事的能力，这些都是一个好作家必备的能力。书良做到了，并且他还在努力去做地更好。

　　书良一门心思沉入到生活最底层，用感情之力和文学之功将丁家垅村的今昔置于矛盾的回旋往复之中，整个作品充满向上、向美的张力。这就是我对这部作品的整体印象。

我很想引用作品中的几句话，给读者展现他笔下已经成为远近闻名的省级美丽乡村的巨变，没想到在选取引用时不知如何选择。从书中摘来的几段引语都很精彩，竟然不知道留哪个好。思来想去还是这段文字好："丁家垅的秋，是柔软的立体的，更是一种不掺杂任何杂质，不带任何情绪，美得干净又克制的秋。晨露伴着读书声，洒落在校园。攸河水，缓缓流淌。三两场秋雨过后，丁家垅又添新装。美呀，美得不像样子！"

笔者猜度，以上这段是丁家垅村人写的。"美呀，美得不像样子！"这样看似土气实则蕴味无限的语言，必然是从有深厚底蕴的民间百姓生活中长出来的。它继承了中华民族民间口头艺术的优良传统。越思越有味还有趣。

作者在这部作品里，提出了"湖南境界"这个耐人思考又令人向往的词语。读《改变：美丽乡村丁家垅》，我强烈感到"湖南境界"首先是韶山冲东升的红日给了这个村庄新鲜的动力和前程，还有丁家垅村世代保持的"崇文重教"的传统。如同所有的事物一样，任何外因只能是个气场，给了发展空间，能否有作为往往要经过艰辛的拼搏，甚至在走回头路中找到求索前行的方向。人们常说的机遇往往伪装成曲折、困难出现。书良深谙此道，他这部作品的艺术力来源于历史感的陈述渲染。作者以历史的纵深作为丁家垅村故事的背景和动力，让读者在不知不觉时回到了那个特殊年代的氛围之中。之前的丁家垅村是个什么状况呢？族群之间的宗亲关系严重破裂，村干部处事不公。这些"深刻地影响了外界对丁家垅村人的评价，曾经有过的伟绩也被埋在了纷争之中，很长一段时间，'上访村'成为经历漫长历史岁月的丁氏村落魄的代名词。"上百村民涌进县委大院闹事，轰动了全县。

这些已经爆发的或隐藏着即将爆发的矛盾，让我们看到了时代发展的痕迹，甚至隐约触摸到了丁家垅村脱胎换骨的前夜。作者正是在这些矛盾中挖掘出艺术美，记录了千年古村向美丽乡村发展中发生的震撼人的力量。

文学作品源于生活是现实题材作品的重要条件，但还远远不够，对于艺术创作而言，还要有高于生活的艺术思维，才能把真实生活化为感人的艺术。毛主席在延安文艺座谈会上的讲话中就讲过了："人类的社会生活虽是文学艺术的唯一源泉，虽是较之后者不可比拟的生动丰富的内容，但是人民还是不满足于前者而要求后者。这是为什么呢？因为虽然两者都是美，但是文艺作品中反映出来的生活却可以而且应该比普通的实际生活更高，更强烈，更有集中性，更典型，更理想，因此就更带有普遍性。"

作者在作品中透射出来的闪光点，正是他把现实生活提炼成艺术之美的功力。

每个作家都是独一无二的。文学创作上绝无捷径可走。书良已经用自己的脚板走出了只属于他的文学之路。文学的前景会怎样，我从来不悲观。浮躁的世风总会有沉静的时候。刘书良的文学世界，我看到风是静的，前面的山路是静的。一只苍鹰在他脚下划破了云层的秘密。他整装待发！

王宗仁

著名作家、第五届鲁迅文学奖获得者

2020 年 1 月 7 日　于望柳庄

美丽乡村丁家垅

目　录

第 1 章　不是开始的开始

1

　　2018 年深秋，我应湖南郎艺珠大姐之邀，来湖南攸县丁家垅村考察。这里是她退休后倾注心血最多的地方。丁家垅村村民和各级领导对这位年近 80 岁的老人怀有深深的敬意。在后来的采访中，他们多以尊敬的口吻向我讲述他们心中的这位"郎外婆"为丁家垅村变迁所做的贡献。我能想象得出，一位拄着拐杖的老人走在田间、山坡上需要付出多大力量和精气。我不能不在北方向遥远南方的郎大姐表示我由衷的敬意，并愉快地接受了邀请，去看看南方的"美丽乡村丁家垅"是什么样子的。

　　之前我也曾多次到过湖南，去过常德、娄底、张家界、桃源、浏阳等地，并且不止一次地访问开国领袖毛泽东故居韶山冲以及他生活、工作过的岳麓书院，还有以"问苍茫大地谁主沉浮"这篇气壮山河诗篇而闻名的橘子洲头。但对整个"湖南境界"我是陌生的，之前的不过是一次次蜻蜓点水般的旅行，对湖南的了解多是书本上的知识。此时，我所居住的北京城里看不出季节变化，郊野却是万山红遍，层林尽染。十渡云水、燕山峰岭落上了 2018 年初冬的第一场雪。北方的气候四季分明，以"小雪"为界划分秋、冬，这个"小雪"不一定真得落雪，多以节气为分水岭，这是北方人对季节变换的理解和约定俗成。初冬的落雪似乎比往年早了一些，燕山岭下的房山、怀柔、延庆山区，已被初雪掩住地皮，当然这也是听来之说。总之，我离开北京时，可见居住地的街道两侧灌木树红、黄、绿三色相间，已有早熟叶片四处飘零，如此说来，称秋末为初冬更为合适。

如约南下，我到了地处湘东的攸县，这里依旧绿意葱茏，有红嘴八哥在眼前飞过，人们似乎还没有意识到秋天早早离去，冬寒已扑来。因为下着细雨，天气中弥漫着潮湿的味道，而大地上还是万物充盈，生生不息，富硒晚稻弯下腰杆，叶穗金黄，一片丰收景象。我坚持在雨中走走，感受湘东农村的晚秋生活。一望二三里*，大地上静悄悄的，偶有一两个行人撑伞，也是匆匆而行。

村外是祥和的，静得只剩下细细雨滴飘落树叶上的声音。我停止脚步，脚下是丁家垅连接外面世界的小桥，横跨在白龙江上。白龙江水却是缓缓的，毫无声息。岸柳倒映江水中，染绿了江面，几百只雪白麻鸭游来，"打碎"了一江绿水，细细的波纹向眼前推来。

我的视线向远处伸延，那就是我要去的丁家垅村。

想象是只鸟，陪伴我的思绪在灰蒙蒙的天空上飞翔。

因为秋雨的缘故吧，空气是清新的，地里庄稼是清新的，脚下的街道是清新的，被洗过的街树，越发青翠。一座座小楼也是崭新的红砖青瓦，你甚至以为来到一个刚刚建造出来的村庄。分明不是，我所见到的资料介绍的多是这个古老村落的过去。

2

丁家垅村人的先祖兴伯公是一位具有传奇色彩的人物，他带领子孙们定居丁家垅之后，以文化为纽带串起族人情感，才保持了丁家垅村五百年间历经战乱、疾病、朝代更替，依旧生生不息，繁衍发展。文化是丁家垅村人渴望探索世界的推动力，促使一代代人走出田园，进入都市。仅在新中国成立后，从这个本无色彩的村子里走出了近 3 000 多人，有官员、专家、学者和商人，超出留在村里的人口。

据《北江丁氏八修族谱》记载，如今居住在这里的丁氏族众，是北江丁氏七世祖兴伯公的后代。学识渊博的兴伯公，深谙"十年树木，百年树人"的道理，在他率族人落脚白龙江岸的"界溪"之后，感召族人并身体

---

* 里为非法定计量单位，1 里＝0.5 千米——编者注。

力行，拿出自家积蓄，建立了"聚书堂"。聚书堂是一所丁氏族人学校，走出去的丁氏子弟都在这里完成初级学业，并从这里走向更高学府。兴伯公立下规矩，丁氏子孙到聚书堂求学，无需出资，积谷可抵学费。农家积谷并非难事，首要的是家家户户的子女"出息"。不论是民国时的丁家垅小学，还是 1949 年之后的丁家垅完小，丁家垅村人一脉相承并保持了兴伯公的"崇文重教"思想，这是对"贯彻落实"最好的诠释。丁氏族人也深深感恩先祖的率先垂范。

岁月顺行，也会出现不和谐的声响。兄弟、叔侄也会出现悲伤、不和，甚至到了宗亲关系严重撕裂，以至于许多年都无法调和的地步。《株洲日报》一篇名为《丁家垅之变》的文章最先引起我的注意，文中写道："村干部处事不公，我们不服，要找县委。"可见矛盾之深，到了剑拔弩张、势不两立的地步。

这是丁家垅村人不愿提起的伤感往事，发生在 2011 年。

丁家垅村上百村民因不满村干部对家族矛盾的调解结果，齐齐涌进攸县县委大院，成为当年记录在册的轰动全县的大事情，至今人们还记忆犹新。

也是在这年，村级党政换届选举，一些情绪激动的村民不满候选人提名，8 个投票箱有 6 个被义愤填膺的村民踩得粉碎，以此过激行为发泄对选举的不满。

冰冻三尺，哪里会是一日之寒？此时，丁家垅村人已是积怨重重，派系斗争、家族纷争不断。各种利益冲突，各种矛盾凸显，宗族约束力越发显得单薄无力，很难正确处理村民之间的矛盾。一次次村民告村民、族人告族人的上访，深刻地影响了外界对丁家垅村人的评价，那些曾有过的伟绩也被埋在了纷争之中。很长一段时间，"上访村"成为经历漫长岁月的丁氏村落魄的代名词，应了那句"家和万事兴"的老话，家村同理，村人不和发展就会缓慢，亲友就会疏离。

"绵延 500 余年，构成一座巍峨丰碑，矗立于历史文化长廊。历史沧桑，风云激荡，撞击出激越的清音。界溪丁氏，百年旺族，紧摄人文精神之魂。无瑕之玉可为国器，孝悌之子可为家瑞。祖辈教诲，铭记于心，以睿智目光洞察世界，以谦和之态善待朋友，淡泊名利，胸襟开阔，言必行，行必果，努力建功立业。尊宗重教，氏族延续之精髓；行善积德，子孙立身之脊梁；扶贫济困，众人帮扶之族魂；创业敬业，先人美德之传承；勤俭朴素，祖宗遗传之贤风。丁家垅宗族文化厚重，承先启后，感恩祖宗，开拓开创之福祉。食之香甜，衣之温暖，撒播美丽，收获幸福，宗泽万世富贵长。"

这是今人所作，是对数百年来丁氏族人的美好礼赞，讴歌一代代人传承的丰功伟业，抄录于《攸水河畔一明珠》一文，我认为是对丁氏族人的勉励、希冀，也是对后人的激励和提醒。

丁家垅村这一页令人刻骨铭心的历史翻过去了。铭记昨天，珍惜眼下，是丁家垅村人共同的心愿和责任。

"丁家垅村存在的问题很普遍，是农村改革过程中出现的新问题、新矛盾。丁家垅村基层党组织发挥了战斗堡垒作用，迸发出强大的活力。丁家垅村只用 4 年多时间就发生了让人刮目相看的变化，成为攸县甚至湖南省内的美丽乡村。"郎大姐说这话时语气很重，引起我的共鸣。

我知道郎大姐让我来丁家垅的目的不是游山玩水看风景，是让我以一个作家的视角关注当下农村、农业、农民，让我的笔触及到改革开放后农村中出现的新问题、新矛盾。丁家垅村存在的问题具有时代特征，不是一村一镇个别现象，而是在多地出现过或曾经出现过，只不过丁家垅村更复杂一些罢了。

3

我来攸县时，丁家垅村正在申报省级美丽乡村。我想了想，从 2014 年初春始，到我站在丁家垅村街上的 2018 年深秋，只有 5 个年头，一个远近闻名的省级贫困村一跃成为省级美丽乡村申报村，这是何等的变化！这个变化让我们惊叹，便想去探寻丁家垅村变化的成因。

丁家垅村此前存在的问题，媒体多有提及，这里就不去讨论。

丁家垅村如今映入眼帘的是它平坦的村街、崭新的农居、宽阔的道路以及多个供丁家垅村人业余活动的广场，还有出现在村完小课堂上的 3D 打印机以及丁氏立体影院体验馆，这些和谐、有序的村民生活都是丁家垅申报美丽乡村的条件。环境的改变只是变化的一部分，真正的变化是丁家坨村人心路的变化，是挂在脸上的微笑，是印在心里的自信，是走在街巷时脚步的坚定。这是满满的幸福，流淌在街巷、农田、学校以及常年在外工作的丁家坨村人心中。

丁平征先生发来一段视频，叫《我的家乡丁家坨》。视频中有一首诗歌，想必是丁家坨村人写的：

> 丁家坨的秋，
> 是柔软的立体的，
> 更是一种不掺杂任何杂质，不带任何情绪，
> 美得干净又克制的秋。
> 晨露伴着读书声，洒落在校园。
> 攸河水，缓缓流淌。
> 三两场秋雨过后，丁家坨又添新装。
> 美呀，美得不像样子。

如诗如画的美啊，美到"不像样子"。文人笔下、摄影镜头里的丁家坨，从村头到村尾，从田园到河谷我所看到的，哪里不是醉人的美景？哪里不是美到"不像样子"的景象？黄、红、绿相间的河堤树，红砖青瓦的庄稼院，校园里的琅琅读书声，都会引起作者共鸣，这是发自内心的赞美。写此诗文的人，许是个匆匆过客，许是回乡探亲的农民工，许是进入高等学府的学子，我们可以忽略文字水准，诗赋格律，只剩下内心深处那一份久久的感动。

从县上到镇里再到乡下，我们听到的都是和谐的声音，曾经发生的已经远去，不绝于耳的是对丁家坨村变化的赞美，对村"两委"（村共产党员支部委员会和村民自治委员会的简称）班子的肯定。

握着村党支部书记丁雪龙的厚厚大手时，我就猜想，这个憨厚、微胖、不善多言印象的男人，是用怎样一支"魔棒"规划出来了一个美丽乡村？当然，"魔棒"是没有的。是他这个村党支部书记和搭档丁卫东、黄子平、丁万里带领全村 2 000 多村民用 1 000 多个日日夜夜流汗干出

来的。

4

丁家垅村短短几年光景发生了巨变，从人见人躲、人见人怕的"上访村"，到远近闻名的美丽乡村，给了人们怎样的启示？当时攸县县委组织部李部长有一段话是这样说的："党的十九大报告中提出实施乡村振兴战略总要求'产业兴旺、生态宜居、乡风文明、治理有效、生活富裕'，这是基于对新时代我国社会主要矛盾变化和农业、农村不平衡、不充分发展实际的深刻洞察，抓住了与乡村振兴相关的人民群众最关心、最直接、最现实的利益问题"。丁家垅村当年乱在哪里？丁家垅村老党员、老干部一针见血地指出：是基层党组织不能很好地发挥引领作用，软弱、涣散所至。以党员丁雪龙为村党支部书记的村"两委"成员放下成见，顺应了村民对改变现状的热切期盼，不但改善了农村的生态与景观，还打造出一批特色农副产品品牌，带动农村生态旅游发展，带动农民收入增加，才会有今天的美丽乡村丁家垅。

丁家垅村的典型意义在于它的经验可复制、可学习。它的经验告诉我们，基层党组织的战斗堡垒作用是农村发展的关键。

5

丁家垅村有今天的发展成就是抓住了党的乡村振兴政策机遇，给丁家垅村安上了腾飞的翅膀。2013年7月，习近平总书记来到进行城乡一体化试点的鄂州市长港镇铜山村考察时说，实现城乡一体化，建设美丽乡村，是要给乡亲们造福，不要把钱花在不必要的事情上，不能大拆大建，特别是古村要保护好。即使将来城镇化达到70%以上，还有四五亿人在农村。农村决不能成为荒芜的农村、留守的农村、记忆中的故园。城镇化要发展，农业现代化和新农村建设也要发展，同步发展才能相得益彰，要推进城乡一体化发展。

"美丽乡村"建设已成为中国特色社会主义新农村建设的代名词，丁家坨村"两委"借着党和政府向农村倾斜的帮扶政策"东风",带领村民登上了这只改革发展"大船"。

"没有各级政府的鼎力支持,丁家坨村在几年时间里成为省级美丽乡村只会是个传说。"每每说到村里变化,丁雪龙都会毫不掩饰地这样说。

他说这话时,不是谦虚,而是发自内心的感动。我在与丁雪龙交谈的3天时间里,村委会主任丁卫东多次来找他商量村里工作。丁雪龙放下话头,与丁卫东谈了好一会儿才回来。镇党委王书记也来过两次,这里是他"蹲点"的村子,他有一次竟然是晚上九点钟来的。

丁雪龙告诉我,王书记晚上来找他谈工作,有多少次他记不清了,好几次来的比这还晚。我也问过王书记:"你们休假时间怎么安排?"

王书记先是一愣神,然后笑道:"在乡镇工作,时间是不确定的,上班有点儿,下班没点儿,晚上十一二点回家是常有的事,工作干不完,总要牺牲些休息时间。"

同样的疑问我也问过新市镇吴镇长,问过原大同桥镇党委书记、现任县文体局局长文志辉,还有原大同桥镇党委书记、现任攸县高新区区工委书记易晓红,他们的回答几乎惊人的一致。

这就是我们党的乡村基层干部,为了把党对农村工作的要求变为实际行动,他们承担了超过常人的工作负荷。他们的大量工作是在8小时之外原本属于自己的休息时间完成的。为大家舍小家,是基层干部工作的常态。他们是党在基层的代表,党的声音的传播者、践行者。我在内心深处充满了对他们的敬意。

"为这个村子付出太多了。"丁雪龙说到了村委会主任丁卫东、妇女主任黄子平、"两委"秘书丁万里,说到几任镇书记、镇长和县上各部门的领导,以及力挺他们的在外工作、打工的乡亲们时很激动,他说是他们成就了丁家坨这个美丽乡村。他还特别提到老厅长(原湖南省化工厅厅长)郎艺珠和她年过古稀的丈夫丁平征。郎艺珠是挂着拐棍走在丁家坨村田头,帮助村里筹划农田水稻富硒、降镉改造项目和村办大集体养鸡场的。

丁家坨走向了党指引的小康道路,才会芝麻开花节节高,幸福指数不断增长。丁家坨村的发展不是中国乡村经济发展中最好的,但是它和自己比、和昨天比,就更有意义。

6

　　我在丁家垅村愉快地访问了一周后离开村庄，当时是在清晨。我走到村口，回眸眺望，丁家垅隐在薄雾中。很快太阳跳出东方云雾，大地立刻透亮而明朗起来。

2018年丁家垅村荣获湖南省司法厅、湖南省民政厅颁发的"全省民主法治示范村"

2018年丁家垅村荣获湖南省民政厅颁发的"全省农村幸福社区建设示范单位"

2019年丁家垅村荣获湖南省委农村工作领导小组颁发的"湖南省美丽乡村建设示范村"

2018年丁家垅村荣获株洲市委农村工作领导小组颁发的"株洲市美丽乡村建设示范村"

新市镇政府与丁家垅村社会实践活动《我和我的祖国》

省政协原常委郎艺珠请来省农科院张秀菊教授传授富硒降镉水稻种植技术

二、文化

2019年改造后的"峯头王庙"和"中华丁氏家谱收藏馆"

2018年竣工的"六龙公祠"、"乡贤馆"、"农耕文化展览馆"

丁家垅村剧团下乡演出的"流动舞台车"

2018年中央电视台《焦点访谈》栏目组来到丁家垅村

2016年承办攸县第四届民俗文化节

2016年经改造后的村宗祠暨"聚书堂"

丁家垅村建设的"攸县图书馆丁家垅分馆"阅读室

洣水河畔丁家垅段秋景

丁家垅村北门入口（龙头组之一）

滨江堤道老碾米厂段秋季景色

春草次第争先出（春季美景）

2018年新建的丁家垅村委会（综合服务中心）

村南口俯瞰

丁家垅航拍图（村南鸟瞰）

丁家垅村大塘组航拍图（大塘组一角）

丁家垅俯瞰（美丽乡村规划图）

丁家垅村"村委会、丁家垅完小、兴伯公司"航拍图

丁家垅村溦河大桥未改造前图

丁家垅村中心广场（丁香苑一角）

丁家垅村高升娱乐广场（龙江组一角）

老头岭土飞鸡养殖场

丁家垅村白龙江富硒稻浪航拍

丁家垅村老头岭光伏发电基地

丁家垅村荷花基地美景（红自莲花开共塘）

丁家垅村主干道下龙段

丁家垅村村主干道龙江段

丁家垅村潋河河畔秋景航拍

丁家垅村龙桥组秋景

丁家垅村村主干道龙塘段

丁家垅村村内夜景

丁家垅村村内组道（龙词组一角）

春耕播种农家最乐植新芽

平野菜花春（油菜花基地）

丁家垅村村道远景

狮岭秋夕晚霞图

水声一路过黎明（丁家垅村洒水车工作图）

水田漠漠任春鸥（大塘组水中倒影）

丁家垅村村主干道大唐段

丁家垅村村主干道龙前段

丁家垅村村主干道龙江、龙西段

丁家垅村"六龙公祠、乡贤馆"入口

第 2 章　往事并不如烟

1

在中国 5 000 年历史长河中，有位奇人叫姜尚，就是民间传颂的智者姜子牙。关于他的传奇故事很多，最著名的当属"姜太公钓鱼，愿者上钩"。历史在漫长发展中，弄丢了许多精美语言，而这句名句几千年依旧被使用在生活里。

史记记载，姜子牙是中国商末周初兵学奠基人，一个有学问、能领兵打仗的大军事家，他还是军事家孙子的前辈。

2

姜子牙有子 7 人。丁氏家族被普遍认同为太公长子齐丁公姜伋之后。齐丁公一脉人丁兴旺，历经 3 000 余年，非但未被战争、疾病灭族，更是顽强地生活着并繁衍成庞大族群，后来这个族群在缓慢的历史进程中走离分散至南北各地。

关于这段历史，史学家给出佐证：

"商末后裔吕尚，也称姜子牙、太公望，辅佐大周灭商，被封于齐，国都山东临淄，为周朝东部重要诸侯国。太公之子丁公继位齐国，丁公之庶出之子以天干次序为姓氏，因而有丁姓、姜姓，丁氏历史约有3 000年。"

又因外族频繁入侵中原汉地，丁氏祖先苦于战事频繁，不能安居，迁入中原腹地河南居住。南宋初年，南方较安定，经济较发达，吸引大量北方人口迁至长江以南广大地区，湖南攸县丁家垅村的祖先就是这样一支丁氏后裔。

不知何年，丁氏一脉从山东淄博出发，一路向南，历经千年风霜雨雪的迁徙，撒下丁氏族姓火种延脉至今。明朝天顺八年（1464年），北江丁氏七世祖兴伯公从高枧北江丁氏家族分离出来，独立门户，亲率子孙向南迁移，却被一条江水隔住了去路。兴伯公站在高处，脚下缓缓地流淌着一江春水。眺望对岸，草木凄凄，一片人烟稀少的荒原。三村四五家，可见耕牛在犁田。兴伯公伫立良久，自语道："风水宝地，龙源之脉啊。"

随后他以不容置疑的口吻命其子孙寻船过江，安营扎寨，置业安家。

兴伯公率领子孙过江，在荒地上修路建屋，开垦荒地，5年多时间里，开垦出万亩良田，并筑黄土官陂，设立八甲，疏通圳道，"灌荫国、泰、安三都，赋田万余亩"。

丁氏后嗣聚族而居，成为村落，后人称这里为"界溪"。"界溪"人拜龙为精神图腾。故事缘由是樵夫失手掉落手中柴刀于潭中，惊起一条白龙腾飞，白龙落足处有龙井、龙泉、龙池之说。后来，"界溪"之名又被"丁家垅"所取代，丁家垅沿用至今。

笔名农夫的作者是丁家垅村人，写了首《丁家垅之歌》，历数丁氏一族经历千余年跋山涉水的路径：

你从黄河岸边走来，

百折不回，

勇往直前，

是你生生不息的法宝。

步步为营，

团结互助，

是你扎根创业的诀窍。

啊！

丁家垅。

你是我生命的摇篮，

你是我心中的骄傲。

你从罗霄山东边走来，

屋宇连片，

堂门东开，

是你兴旺发达的荣耀。

勤耕雨读，

正直做人，

是我父母天天的唠叨。

啊！

丁家垅。

你是我生命的摇篮，

你是我心中的骄傲。

攸县县委宣传部原部长丁桂初认为，丁氏子孙一路南行，或是为躲避瘟疫，或是躲避战争，或是为拥有一块落脚土地，总之齐鲁之战后，集体逃离祖上封地临淄，向长江流域出发、出发、再出发，在兴伯公之前又从江西某地翻过湘赣边界罗霄山，历经千难万险终在今日醴陵市落脚。丁氏一族在醴陵保持了生活相对平静，温饱有了保障，这一时期也是丁氏人口鼎盛时期。为生计，人口分挈已成必须选择。

丁家垅村人初祖兴伯公正是被界溪的风光所吸引，那时的风光显然没有今天这样丰富，却是没有任何人工雕琢的原始荒原：繁草生花，飞鸟穿林。又是气候宜人的暮春时节，他为自己的决定而心生感动。

"北江丁氏祖先从醴陵迁来高枧，七世祖兴伯公又从高枧分出，徙居界溪，子孙聚族而居。"

高枧是攸县一个镇，至今还留落多支丁氏族人，而界溪则是丁家垅早年的村名。兴伯公高瞻远瞩地从高枧出走，率子孙南下，圈地立籍。土地是农民立根之本，人人都想获得属于自己的一片土地，兴伯公的号令就有了巨大的诱惑性。

现在，我们追寻兴伯公当年的足迹，不得不钦佩这位高人目及百年以后。他认为丁氏子孙只有安家乐业，才会繁衍发展，养育界溪丁氏世世代代族人。

兴伯公作为丁家垅开基初祖，为子孙开创家业，垂千古功德。

3

丁家垅村丁氏祠堂记录了丁氏家族的兴衰历史、名人志士以及沿革族群的家风、家训。从这里走出的学者、官员、商贾名单像海报一样刻在墙壁上，并且年年都有新增，从未出现空转，使其学有榜样，追有目标。

丁氏祠堂明末建在丁家垅的茅坪园，经历明崇祯、清顺治到乾隆共200余年。乾隆四十五年（1780年）冬，择址新建了兴伯公祠，文载称，"前后二殿，青砖灰瓦，封火牌坊栋，中间一口大天井，两旁有耳房。前殿有四根木柱，是祭祀大厅，后殿有神龛、桌案，排列祖宗牌位"。

祠堂未能经受住岁月风雨的摧残而永恒屹立，终成为岁月的碎砖瓦砾。现在的宗祠是清光绪辛巳年（1881年），族人为子孙重立的祠堂，并不断加固、翻修，直至今天它仍是村中地标。宗祠，曾作为村民精神圣地被发扬光大，统一家族人思想，要求族人辨证是非，垂范正义，引领族群走在正确的行为轨道上。我更觉得宗祠已被今人淡化，历史的沉重感也已经消磨殆尽，但它孕育了丁家垅村人厚重的崇文土壤，村民们世代都以"家风、家训、家教"教化子孙后人，即便在20世纪的大饥荒年代，依旧保留了村民捐米、献油，倾尽所有供村里学子读书的优良传统。

4

丁家垅人口增长是缓慢的。大体脉络是这样的：清朝初年，丁家垅人口300余人，至民国时期人口增至900人。20世纪50年代，人民安居乐业，当家做了主人，解决了温饱，消灭并减少传染病的流行，丁氏人口增长几近1倍。丁家垅村人口增长也是中华民族绵绵悠长的缩影。远离了战争纷乱，没有瘟疫灾难，才会使一个族群有了稳定生活，有了人口的快速增长、繁衍。伴随界溪人口峰值，物质生活也与之竞跑，我们在留存的只言片语里看到了进入新时代后这个普通村落红红火火过日子的景象。

丁家垅村人崇文历史是令人羡慕的，从这里走出的众多官员、学者，继承了父辈优良品德，他们那些属于整个家族的成就足以照亮攸州大地。不仅如此，丁家垅村人在 20 世纪中后叶创造了许多本乡村第一的纪录：

1970 年全县乡村第一个用上水力发电；

1975 年全县乡村开回第一台组装汽车；

1986 年修建成全县第一个村级攸河大桥；

1998 年全县第一条水泥硬化村道。

这是前任村委书记丁珠明、丁良玉等任职时，带领丁家垅村人书写的优秀的历史。但是，丁家垅村美好记录进入 21 世纪却终结了，它不再被人礼赞，暗淡了曾有的光环。走出去的丁家垅村人不愿回来，留在村里的村民形成尖锐对立局面，续而成为闻名攸县的"上访专业村"，昔日的辉煌蒙上了一层阴影。

丁家垅村怎么了？

第 3 章　2011 年

上篇　突发事件

　　丁家垅 500 年的历史是悠长的、沧桑的，短文无法承载其时代变化中发生的林林总总的故事，我们将笔墨将指向那对丁家垅村人影响深远、矛盾重重、在外乡的丁家垅村人唯恐回避不及的 2011 年。

　　因为这一年，丁家垅村族群关系彻底撕裂了，撕裂成定居丁家垅之后数百年间从未有过的激烈对抗，撕裂到了大家不能坐在一条板凳上好好说话的地步。

　　如同，一架悠然行走 500 年岁月的马车，突然陷在了泥潭里不能自拔。此后，村里极难就某件事达成一致意见，哪怕是惠及到每一户人家的事情形成了只要有支持的，就有反对的两大对立阵营，不为解决矛盾，只为反对对方的所有决定和议案。宗亲之间保留着的那份亲情、尊重荡然无存，通通抛到脑后去了。丁家垅再也不见旧时模样，成为划根火柴就会爆炸的"火药桶"。这种状况持续发酵且越演越烈，引起镇、县两级政府的关注。

　　中央一再要求地方政府维护安定团结，团结了、安定了，国家才能发展，安定成为党在基层组织的重要工作。

　　有话好好说，有事好商量。丁家垅村的问题在全国一些地方都有不同程度的存在，只是丁家垅村的问题更尖锐些罢了。这里的村民没有进京上访，却在攸县整出了挺大动静，惊动了县、市两级政府。县、镇两级政府深知丁家垅村人矛盾积怨甚深，多年来尝试种种方法，无一奏效。丁家垅村问题成堆，成了让人头疼的村，却又无从下手。政府三令五申要求解决丁家垅村存在的问题，驻村干部两手一摊，表示无奈。族群两派相争，中间位置在哪？躲，回避，谁都怕弄不好点燃村民心中积怨。

现在，让我们的镜头聚焦在2010年。

旧历刚刚翻页，过年的喜气还没散去，炮仗还在空中炸响，学校大门还紧挂铁锁，村路上还有走亲访友人群，丁家垅村人却因为不满村"两委"对家族矛盾的调解结果，组织上百人的队伍，浩浩荡荡地开进了县城，并且严严实实地堵住了县委大门。

准备下基层慰问的县委书记所乘坐的汽车被团团围阻在县委大院里。

平日里，这儿也会有上访村民，只是一个人或几个人，最多不过十几人，农民百人上访在攸县还不曾发生过。本来并不宽阔的县府街道一时被上访、围观群众堵满了。

县委书记从未遇到过这么多群众汇聚县委大院的情况。很快，他从惊讶中冷静下来，站在上访人群面前表态："现在我要出去检查工作，回来立马召集相关人员开会处理。"

县委书记亲自表态后，混乱场面才算平息下来。这是丁家垅上访村民所要达到的初步结果。

丁家垅村村民撤离了，原本他们也没有计划把县府掀个天翻地覆。闹事的目的很明确，就是要闹出声响，把丁家垅村人与人之间矛盾公开化。

丁家垅村村民百人上访事件传播很广，估计省、市领导都知道了。攸县县委将其列入开年突发事件，不能任由其蔓延。

关于丁家垅村民上访事件，攸县县委扩大会议却讨论无果，时任县委书记严令大同桥镇党委书记："你现在回去，全力解决好丁家垅村村民两派问题。"

易晓红，时任中共攸县大同桥镇党委书记，有多年基层的工作经验，作风雷厉风行，不拖泥带水，此时她调任丁家垅村所在的大同桥镇党委书记工作岗位时间不长，但对于丁家垅村村民矛盾是清楚的，驻村干部多次汇报过丁家垅村存在的问题，她也接待过几拨上访村民。她知道村民之间没有根本性矛盾，也没有利害冲突，只想在村"两委"中有自己支持的人上位，以便对自己一方有利。

矛盾能积累，也会发酵。

易书记认为，没有了党的政治规矩，没有了党群信任，矛盾日积月累，才会不断加重，终至丁家垅问题不可调和。易书记想到要去做的，是拿起基层党建政策这把"钥匙"，打开丁家垅村民心头锈住的"锁"。但是，丁家垅村的问题太复杂了。复杂，大家想到了，却没有意识到接下来的事态突发，并产生了严重后果。

中篇　意识觉醒

人间最美四月天。此时，湘东大地已是春意盎然。遍地黄花，柳枝发芽，蝶飞蜂舞，好一派如诗如画的田园画卷。人置身于其间，远离城市的喧嚣和烦躁，心灵贴近这近乎"原生态"的自然风光，大口大口地去呼吸这天然氧吧清新的空气，情绪不再烦躁，精神不再忧郁。于是，心灵获得愉悦、欢喜。

这时节，叫"芒种"，湘东已进入繁忙的早稻插秧旺季。

按照省委统一布置，整个湖南省内开始了村一级换届选举。县、镇一级政府干部忙碌起来。

丁家垅村村民格外在意这个日子。

这一天也将是丁家垅村村民两派斗争最激烈的时候。各派都在酝酿村支部书记、村委主任人选，大有一决高低、不达目的决不罢休的态势。

这一边要保住上届村支书。他是这一边的村民代表，人品不错，但开拓意识不强，又是丁家垅村里极少有的外姓人。支书曾在攸县一个乡镇供销社当主任，后来到丁家垅村居住。他在任支书期间，任劳任怨，政绩虽不突出，但也无过错。村里环境杂乱差，村民收入停滞不前，与邻村之间差距拉大。他也试图改变过，想了许多方法，但无明显结果。支书看到即便有好的模式，村民之间矛盾重重，他也无能为力。但他是个勤勉的人，每天都会出现在村头巷尾，用心捡拾村民扔掉的垃圾，修理年久破损的水渠。人之常情，没功劳还有苦劳嘛！这是公正的、不带墨色眼镜的评价。

另一边的村民则强烈要求改变现状："外村村民收入提高了，跟上时代发展的步伐。我们呢，外甥打灯笼还不是照旧！丁家垴村不能任性发展了，要改变，而且必须改变。"

两种声音激烈地、不可妥协地交锋着，强烈地对抗着。没有谁能够说服谁，大家都只要把对方意见、方案淘汰出局就是胜利。其实，这种对抗持续了许多年，源于何时，没人能记起，也没人能说得清楚。

3 年一度的换届选举，矛盾达到爆点，也加剧了族群的分裂速度，2011 年的对抗比往年来的似乎更强烈一些。

丁家垴村贫困帽子戴了许多年，对大多数村民来说，贫困不是什么光彩事。最突显的也是让人愤愤不平的现实问题：男青年因为是丁家垴村人，找对象都受到了制约。这是大事，牵扯着家家户户。

村民不和，土地少，人口又多，村上也无其他经济实体，年轻人纷纷离家去外地打工。偌大个村子，平日里冷冷清清，大多只有长者和孙辈守宅度日。那些去外地打工的青壮年人，只在过年时才回村，年后"候鸟"般又飞走了。他们有改变丁家垴村面貌的诉求，却不能融合大多数村民的意见。不能做到，只有遗憾地放弃并且远走。背井离乡的最大愿望，是有一份稳定工作挣得薪水，改变家庭生活现状，这是一种无奈的选择。

不介入，不是不关注；是不能介入，无法关注，只能任由发展下去。这样的人文环境只能避让三舍。但是，这里的山山水水，这里的乡音乡情，都是铭刻在心头的乡愁啊。

改变是族群多数人的意识觉醒，改变是丁家垴村大多数人的诉求。

改变，必须把村上领导权交给有思想、能力强又大公无私的能人。

丁家垴的问题，驻村干部知道，镇党委书记知道，全镇干部都知道。

镇党委书记易晓红主持召开镇党委扩大会议，主议丁家垴村"两委"选举之事。驻村干部面带难色，一言不发。易晓红理解同事们此时此刻的心情。丁家垴村的问题，是多年积累的，不可能在几日或一次选举中解决掉。百人上访围困县委，已在全县家喻户晓，余烟未散。压力有多大，只有她更能体会到。

上级要求必须解决丁家垴"上访"之事，上级的要求是要落实到位的。身为大同桥镇党委书记，易晓红肩着千斤重的压力。她不能回避，也无法回避。丁家垴村是大同桥镇的组成部分，她是镇党委书记，不能懈怠，更不能放任不管。上级党委派她来大同桥镇工作，就是要求她化解农村改革路上的矛盾，引导农民走上党指引的富裕道路。

这次镇党委会议开的很沉闷，没人主动请缨去丁家垅村监督领导村"两委"选举，谁都知道这是块烫手山芋。这不能怨他们，丁家垅村问题太复杂了。易晓红想了想说："还是我去丁家垅吧。我们就是要利用村'两委'选举，让有能力的人上来主持丁家垅工作。"

易晓红虽是女性，性格中却有"我不上刀山谁上刀山"的勇气和果敢。当她乘坐汽车出现在丁家垅村村道时，很快围上一群村民，又是上访的那些内容：有提出诉求的，也有谩骂的。她知道如此纠缠下去，恐怕三天三夜也走不出丁家垅。面对情绪激昂的人群，她明确而坚定地表明她此行目的："所有问题，留在选举之后解决！"

镇党委书记没有走过场，她来的目的就是要解决问题。她走进村民中间，倾听村民对选举"两委"候选人的意见和看法。要求改变现状的村民推荐了一个人：丁雪龙。

丁雪龙是谁？

下篇 预料之外

大同桥镇党委书记易晓红早就听说过丁雪龙，还了解过他的一些基本情况，但没有深层交流过。总之，丁雪龙没给她留下多少印象。丁雪龙出任丁家垅村带头人的呼声高涨，引起了她的关注。她让助理找来一份丁雪龙的简历。

丁雪龙，中国共产党党员，土生土长的丁家垅村人。生于斯，长于斯，中学毕业后没有留在村里务农，也没有追随同乡亲友去外地打工，而是留在县城做生意，后来在乡办企业搞管理。因为人缘好，信誉高，人又厚道，企业中留有很好口碑，是村里最早富裕起来的那批人。推荐他的人告诉易晓红，丁雪龙为人正直，聪明能干，推举他参选，除了有能力，最看中他没有派性，从未介入村里人的是是非非。耳闻目睹村里混乱现状，他曾表示，作为丁氏后人，如有可能，他愿意放弃自己的生意，带领村民走发家致富道路，尽早摘掉贫困村的帽子。他不认为贫困是这个古老村落的荣耀。这样的话，是丁雪龙在与几个好友聚会时说过的。说这话时，他是认真的，没有喝酒，也不是玩笑，而是一脸的严肃。

丁雪龙众望所归，成为众多村民推荐为村干部的热门人选。还没见到丁雪龙，他已在镇党委书记心中留下了很好印象。

易晓红决定约请丁雪龙来镇里见面，由他自己亲自谈一次话。来镇里见面，是防范被一些别有用心的人利用，说她干涉村里选举。体现民意，是党对农村基层工作的要求，但是丁家垅村选情复杂，镇党委书记也不能掉以轻心。

丁雪龙来了，这个 40 多岁的汉子，脸上是平和的，没有波澜，也没有起伏。他不善言辞，却是个坚持表达自己立场和主张的人。他说自己对当官没有热情，来自村民的不满以及经常听到的、看到的这样那样的问题，天天耳熏目染地影响了他。他心底也掀起过波动："好好的一个村子，怎么会整成这样？"

不在其位，难谋其政。他是丁家垅村村民，也是丁家垅村普通党员，站在高处看事态发展，村里存在的问题一目了然。没有领头羊，羊群一盘散沙；没有方向目标，才会造成村务工作混乱无序。干着急，插不上手。这就是他的感受。

"假如我当村支部书记，我就是要改变现状。"这是丁雪龙向镇党委书记易晓红表述的最初想法。十个手指还不一样长，何况一个族群？村里每个人都允许有自己的想法、看法，都有权对村上事情提出自己的意见及主张。

丁雪龙内心渴望有一个担当的机会，这种担当是一个党员对族群、对社会责任建立的一种自我证实。他无权欲和野心，却有着丁家垅村人期盼向上的心态，求得社会给予认可和尊重。这种心态来自丁家垅村一个普通党员的思想觉醒、责任、义务。村民不断找他，讲述困境，寄托期望，激发了他的渴望和需求，或者说归于一种担当。党的组织原则是先民主后集中，在与镇党委书记谈话之前，他不断地倾听来自村民的诉求。走群众路线，为村民服务是村干部的重要工作。镇党委书记易晓红问他对丁家垅村现状的评价时，他说："没有私心，就不会有派性，也不会存在尖锐矛盾。"

话语不多，让易书记产生了好感。

接下来的事态发展却让易书记始料不及，或者说完全在她的预料之外。她对丁家垅村所有美好愿望在之后的某一天，被撕个粉碎，以至于县委不得不出动警力维护秩序。这一天，就是丁家垅村"两委"选举之日；这一天，也让丁家垅村人留下深刻印记。

多年后，易晓红任攸县高新区党工委书记。对2011年4月丁家垅选举记忆犹新，她回忆当年情景时这样说道：

"丁家垅村太复杂了，镇干部不愿去丁家垅村工作，唯恐触犯了哪伙人的利益，给自己带来说不清、道不明的责任。我是镇党委书记，丁家垅村选举这么大的事儿，我不能不去。镇党委、人民政府有责任保障选举的公平、公正、公开，但是突如其来的变故让人始料不及。"

事态骤变是从丁雪龙正式成为村"两委"推举候选人后出现的。一派推荐的，另一派一定要反对，这与候选人的能力、品行无关。丁雪龙虽没有介入两派纷争，只因他是被其中一派推举的，另一派就要把他掀到浪尖上，再让他掉下来。

镇党委、人民政府希望通过合法程序顺利选举出丁家垅村的当家人。无疑，丁雪龙是目前扭转丁家垅村现状的最佳人选。

易晓红清楚，丁家垅出现的问题，根源在于基层党组织的领导软弱、无力，一些党员甚至站在了矛盾中心，失去了村民对党在农村工作的信任，进而形成族群的离心离德的局面。打破丁家垅村村民的僵持和对立，镇党委、镇人民政府必须有所作为、主动作为，完成丁家垅村"两委"选举任务。

但易书记没有意识到事情的严重性完全超出了他的预料。此时，一股巨大的力量向她和她的工作团队打压过来。

最先受冲击的是村"两委"候选人丁雪龙。这个一心要改变丁家垅村现状的丁氏后人，莫名其妙地中了"枪"。这种较量不是真枪实弹，而是莫须有的罪名。比如传说丁雪龙是个"吃喝嫖赌抽"的二流子，说丁雪龙跟社会上"黑社会人"有交往，而且还参与其中等。明枪易躲，暗箭难防。所有能想到的"脏水"都毫不留情地泼向丁雪龙。不显山水的中共党员丁雪龙的10大罪名在丁家垅村大街小巷放肆地流淌着、传播着，所到之处都会引起一阵骚动。好在这个胸有大志的普通党员先是惊愕，又很快释怀了。不做亏心事，何必害怕鬼叫门？他知道流言来自何处，也知道流言来之目的，反而坚定了他参选的决心，他就是要把自己的内心袒露给大家看。

采访时，丁雪龙从抽屉取出了一张破旧的纸片，这就是那年贴在街墙上的大字报。全村人几乎都看了，只有他还蒙在鼓里，有人揭下一张送给他，这些文字都是对他的恶意诽谤，没有一条站住脚，甚至连捕风捉影都不是。别人气得炸了肺，他却一言不发，他相信脚正不怕鞋歪的道理。没有的事，需要一遍遍解释吗？

对于流言，大同桥镇党委还是当回事儿进行了调查，调查结果让易晓红很高兴，匿名大字报中的内容没有一条能站住脚，纯属人为虚构和诽谤行为。她和她的同事们庆幸对丁雪龙没有看走眼，如此一来，反而对他高看一眼。

村"两委"选举这天，天刚刚放亮，村里人就动了起来。易晓红带领镇党委和政府部门干部早早来到丁家垅村委会。

选举前，大同桥镇党委书记易晓红简单重申一下选举纪律和工作要点，随后工作人员分到 8 个村民选举区，她则坐镇村委会指挥。这样的安排符合选举规则和流程，并无不妥或违纪的行为。

温和的春末，湘东已是芳草萋萋，天气清朗，有几片白云飘动。这样的天气人们应该有个好心情。选举又是村里头等大事，各投票点已经陆续有人来了。先来的是镇上干部，接着来了一些投票的村民。

投票开始了，一切安排就绪，并无异常。然而一股久储未果的力量正在积聚，正在寻找时机迸发。

发出候选人选票不久，关于候选人提名，产生了争议，几名情绪激动的村民，未能摆脱情绪支配，抢过票箱，摔得粉碎，还用脚将其踩个稀烂。很快，这种情绪迅速漫延开来，如洪流势不可阻挡。

镇干部蒙了，想过会有多种可能存在，却没有想到会有这样的事情发生。而且，选举之前，他们并没有察觉。

选举票箱被砸是严重的政治事故，县委紧急调动公安干警 100 多人赶到丁家垅维持秩序。这时，8 个投票箱被砸了烂 6 个。在警务人员严厉警告下，才免于全部损坏。之后，警方刑拘了几个闹事村民，选举似乎归于理性，投票进入正常程序。但是，那股强大的力量还在主导着选举方向。投票结束了，紧张的心绪终于落地，但笑容还没有回到脸上，却僵在了半路上。

工作人员凑到易晓红耳边说了一句话，她的脸色立刻变了。清点票数时，出现了谁也没有预料到的情况。全村两千多人，有选举权的一千多人，丁雪龙获得的赞成票只有五百多张。丁雪龙赞成票未过半，未能成功当选。

2011年的丁家垅村"两委"选举就这样结束了。最后的结果仍然是上届村支部书记、村主任连任。

丁雪龙落选了。要求改变现状的村民不干了，他们觉得选举中很明显有人操纵投票，才使丁雪龙落选，他们要求追查破坏选举的真相，不能任由一些人目无法纪、破坏选举行为。

丁雪龙没有参与村民关于选举的纷争，甚至没有为此多说一句话，默默地回到县里去打理他的公司。因为投身选举，生意被冷落了，他要重新拾起生意。许多年后，我追问他当年感受时，丁雪龙想了想笑道："失落，满腔热情地想为丁家垅做些力所能及的事情，未曾想引起这么大风波。"

这个风波并没有因为选举结束而停止，族群之间的裂痕越撕越大，两派中间隔着一道不可逾越的鸿沟。

丁家垅村选举结束了，领导班子还是上届的班子，思想还是上届班子思想，新选上的支委也撂了挑子，出门打工去了。

山还是那座山，水还是那一江水，人也还是那些人，丁家垅村里什么都没有改变。

丁家垅村人依旧出去打工。

丁家垅村依旧是知名"贫困村"。

丁家垅村依旧是人人皆知的"上访村"。

更多丁家垅村人外出了，外出了的不想回来了。在外工作的干部、学者、企业家，躲闪着丁家垅村人，即便回村也是来去匆匆，从不对村上事情发表任何意见。扯不断，理还乱，随它去吧。

上级政府部门一些项目也不愿落户丁家坳。这是一种无奈的现象：谁都怕沾上丁家坳村的边儿。有人关注丁家坳，就有人写检举信，怀疑他有违法乱纪的嫌疑。

丁家坳村真是病了，高烧不退，却找不到一剂良药方可治愈。

第 4 章 民意不可违

上篇　诉求

2011 年的丁家垅村"两委"选举，应该说是族群撕裂中的一次选举，或者说是一次不公正的选举。这次选举没有解决任何问题，反而使族群的矛盾越来越难以弥合。选举中的作弊行为是明显的。在接下来的岁月里，村民之间的矛盾更是无法调解，村民上访次数有增无减。丁家垅村是窗户里吹喇叭，名声在外了。当然不是好名声，是远近闻名的"落后村"、上访"专业村""贫困村"。即便有着政府的补贴，村民生活一直没有实质性变化，大量劳动力继续外流。

丁家垅村是一块烫手山芋，烫手了，又不能丢掉。村民之间的矛盾层层叠起，镇上干部不愿再来丁家垅，他们几乎一致的说法是丁家垅村水太深了。水深了，探不着底，谁愿来村上蹲点？即便来了，也不敢吃一顿饭，怕自己还没回到镇上、县上，投诉电话就打到了纪委。县里各部门的项目一直不愿安排给丁家垅村。

历史上的丁家垅村人崇文兴教、胸怀家国的宗族传统村落，造就了丁家垅村人才辈出，新中国成立后走出了多位党政干部、教授学者、商界名流，我们通常称这些人是"能人"。

这些"能人"，不但成了丰富的人脉资源，也为丁家垅村培养了浓厚的政治氛围，村民们对政治非常关注。

很多村民喜欢发表对村里工作的意见，八仙过海，集思广益，这没什么不好的。发表意见，表达诉求，既有理性的表达也有非理性的言辞，这也没什么可指责的。但在丁家垯就是问题，一旦意见相左，容易发生口角，继而写小字报、匿名信，甚至各找"能人"告状，这成了丁家垯村人一种习惯。

习惯成了自然。丁家垯村一有纠纷就上访，一有问题就告状。提到丁家垯，大家就会想到了"上访"二字。时间久了，村干部在外跑项目、求资助，却越来越难见到"能人"。"能人"唯恐避犹不及。即便亲近的也一个个尽可能地疏远。那曾有过的数百年的和谐、有爱的族群关系，被岁月撕得粉碎。

分田到户，是改革开放之后我国农村最大的变化。应该说新中国成立之后土地从私有变集体所有再到土地承包，这是历史发展进程中的变化，最明显的标志是人对土地拥有权的信誓与依赖，各种社会矛盾也会波及农村。农村、农业、农民问题的对策，成为多年中共中央新年伊始的第1号红头文件的重点。这个第1号，是中央关于"三农"问题的纲领性文件，是一年初始的"三农"工作指导方针。出身农户人家，我对丁家垯村出现的问题心有触动，虽蜗居城市，耳朵却朝向还在农村生活的兄弟姐妹，关注他们的生活，倾听他们的想法。农村里那些人、那些事，都曾触动心扉，但却没有经历或听说过村民之间会像丁家垯村有如此激烈的对抗，而且对抗人数如此之多，时间如此之久。我不解：一个维持了几百年宗族影响村落里的村民为何会出现"兄弟反目、叔侄结仇"，而且还能这么持久呢？

丁润高，丁家垯村走出来的知识分子，现任职于株洲市人民政府，官至副厅级。少时生活在丁家垯，后去外地读书，学业完成后又回到湘东工作，对家乡有着深厚情感。在任攸县常务副县长时，国家对农村基本建设下拨了一些项目。他想起丁家垯村破损的水渠、泥泞不堪的街路，就找到发展和改革局农村办主任，希望能在政策范围内，利用每年国家下拨的定向资金，扶持、帮助完成丁家垯村水、电、路、水塘的基础设施改造。丁润高委婉地说："你们去丁家垯看看，丁家垯太贫困了，一直戴着县贫困村的帽子。想点办法，看哪些项目按政策能放那里，尤其村里那条土路该修修了，公交车来往都很困难。"

农村工作办公室主任肯定听懂了丁副县长的意思：不违反政策的情况

下，给这个县级贫困村一些扶持。主任很干脆地表了态："农村硬化路国家有政策，不算特殊照顾。我去看看吧。"

农村工作办公室主任带着满腔热情来到丁家坨，看到村道的情况比丁副县长说的更糟糕，毁坏、破旧的不像样子了。但在与丁家坨村干部交流中，丁家坨人际关系的复杂程度，让他感受到了无形的压力。还没报批项目呢，先招来一顿无端谩骂。

农村工作办公室主任向丁副县长汇报了去丁家坨落实项目情况，委婉地说："丁县长，我能力不够，丁家坨的事儿，我就不管了。"

此事深深伤害了丁润高，以至今天还掩饰不住内心深处的痛。不仅仅是他，还有其他在外乡工作的丁家坨人，也或多或少有过相似的遭遇。

虽是如此说，哪一个在外供职的丁家坨村人也无法剥离与村民的关系，这关系是千丝万缕的乡情、亲情，眷恋土地的心结，说是说不清的。许多人是童年的伙伴、少年的同桌，父亲的族弟、母亲的表兄，一枝一叶总是情缘啊。

湖南省招商局原处长丁平征也遇到过类似情况。他少时离家在北京求学，后在省城工作。头些年还好，村里干部来省城家访，他满心欢喜地接待他们，愉快地回忆在白龙江一起抓鱼的往事，或问询年景收成，儿时玩伴家里情况。这是难舍的乡情，铭刻在心中的记忆，不论走出千里万里，留在丁家坨的往事不会被时间淹没。再后来，人不常见，时不时收到家乡人发来手机短信，大都是两派人互相指责，告对方黑状的内容，这样的乡音变了味。

丁平征不想介入丁家坨村人的事非。他只能倾听，也只有倾听，绝不插言，也不会表明自己的态度。对丁家坨，他没有态度，也不会选择态度。

在县、市、省城以及在外地工作的丁家坨人，大多如丁平征一样，躲着丁家坨村里的人、丁家坨村上的事儿，唯恐自己一不小心陷到矛盾旋涡里不能自拔。

丁家坨村在外地的人退避三舍，镇、县的干部对丁家坨村也是绕着道走，不愿与丁家坨村人打交道，这也是无奈的选择。

丁家坨村与周边轰轰烈烈的社会主义新农村建设比较，已成为对外交流的一座"孤岛",社会主义新农村发展的歌声只在"岛"外飘荡。

党的十六届五中全会以后,如火如荼的新农村建设推向了一个崭新高度,丁家垅村仍像"裹脚老太太"缓慢行走。

这样的社会生态环境,让丁家垅村成为一潭死水,没有外援,村内除了土地,没有任何经济来源。白龙江那几年发大水,大片庄稼地里颗粒无收;严重的土地重金属污染也无钱治理,造成一些农户家的悲剧。丁家垅村更穷了,2012 年全省贫困村名单中仍然有丁家垅村。

村民们再一次上访,要求政府解决丁家垅村村民之间问题,盘活土地,增加经济收入,彻底改变丁家垅村现状。

岁月脚步迈进了 2014 年初春,又是一个春暖花开的季节。新任大同桥镇党委书记文志辉到任第三天,就接待了来上访的丁家垅村民。他们反映的问题里透露更多的是对村里发展不前的焦虑,对基层干部领导无力的不满,对改变落后面貌的渴望,当然还有些鸡毛蒜皮的小事、东家长西家短的闲事,列举最多的是村干部的不作为以及领导能力的缺乏。

村民的呼声不可忽视,引起文志辉书记的高度重视。

在来大同桥镇上任前,文志辉在另外两个镇先后任职镇长、党委书记,是个从事多年农村工作的基层干部。丁家垅村发生的纠纷和影响,已在全县纷纷扬扬地流传很久,这些不会不传到他的耳朵里。现在他来了,这个村就在他任职的大同桥镇辖区内。

"丁家垅得了'癌症',没得治了。"是他上任后听到最多的议论。

文志辉却认为,丁家垅村问题,说到底是基层党组织缺乏公信力,不能发挥党员骨干作用,不能很好地贯彻党对农村工作的指示,全心全意引领村民奔小康,过上美好生活。在丁家垅村持续动荡中,少数党员就参与了派性,甚至可以说,他们成了派性中的重要成员,这才是问题的根源。

丁家垅渴望改变。

丁家垅必须改变。

这是文志辉在党委会上提出来的,也给党委成员一个必须坚持前行的方向。

改变的时机成熟了,就在 2014 年这个早春。

这年,湘东农村"两委",又迎来了 3 年一次的换届选举。

大同桥镇党委书记文志辉没有被流言蜚语击退。他把丁家垅村放在心中，记在重要日程里。在新年后的党委扩大会上，丁家垅村选举又一次放在台面上。大家提到了 2011 年那次选举风波带来的影响，直到现在还没有停息。3 年了，丁家垅村的经济没有实质性的变化，被轰轰烈烈改革大潮淹没了，没有声响。

丁家垅村"两委"领导班子一天不更换，丁家垅矛盾就一天不能解决。这是镇党委、人民政府成员的共识，也是丁家垅村人的强烈诉求。2014 年的丁家垅不再是 3 年前的丁家垅，2014 年的丁家垅村人也不再是 3 年前的丁家垅村人。穷则思变，人心所向，个人恩恩怨怨哪里还能与社会主义快速发展的大环境相比？这是沉痛教训中的磨砺与成熟。

人心思变，这是经历了种种磨砺之后的抉择。

问题不能再拖下去了。文志辉说，这是一个彻底解决丁家垅村村民矛盾的最佳时机，选举前必须做足功课，不让 3 年前的事件重演。镇党委提出深入村民中去发现问题，有的放矢。

改变丁家垅村现状，就从这次选举开始吧。

中篇　选举

时任镇党委书记的文志辉，有 8 年乡（镇）管理工作经历，他反复琢磨如何让丁家垅村回归干群关系正常化。

农村工作千头万绪，先要自己稳住阵脚，自己不乱，任何事情都不会乱。找出丁家垅村问题所在，对症下药，方法总会找得到的，问题不可能铁板一块。文志辉说，用剥毛葱方法，由外及内，才能抵达问题核心。丁家垅村的所有矛盾归于个人利益造成的人与人之间的矛盾。那么谁又是矛盾中的主要矛盾呢？他听到的、看到的、想到的，主要问题集中在基层党支部不能很好发挥领导带头作用，有的党员甚至成为村里派性争斗的推动者。

2011 年那次选举中的舞弊行为，就有人指出是某些党员为己私利在推波助澜，甚至参与暗箱操作，这是严重的违纪违法行为，不能姑息、任由这种状态继续下去。

　　文志辉再一次主持召开镇党委关于丁家垅村问题扩大会议，统一大家意见，形成解决丁家垅村问题的框架。之后，他并没有马上付诸行动，而是再搞一些调查研究，有的放矢地解决、处理丁家垅村的出现的问题。他坦诚地征求乡镇、县上老领导意见，又找丁家垅村走出来的"能人"，征求他们对丁家垅村"两委"改选的看法。调任市政府、县政府的老领导坦率地说出了自己意见："缺乏有能力、有思想、没有私心的'两委'成员，解决了这个问题，就是解决丁家垅村村民两派矛盾的关键！"

　　是的，所有矛盾焦点都集中在丁家垅村的"两委"选举上。

　　天赐解决问题的机遇。说这话时，离 2014 年村"两委"换届选举只有一个多月时间。

　　丁家垅村村民"上访"也明显增多，大多直指村"两委"不作为，虽然有些问题捕风捉影，但更多反映的"两委"成员选边站，才是激化矛盾的问题所在。

　　有了这样的思考，文志辉请时任大同桥镇镇长易介兵到办公室商量，统一两人对丁家垅村存在问题的处理意见。2011 年村"两委"选举时，易介兵在另一镇当镇长，听说过丁家垅村"两委"选举的整个过程。

　　易镇长在大同桥镇时间长些，是个有思想、有才华、作风正派的基层主官。

　　文志辉对易介兵说："介兵，我们两人当前最棘手工作是丁家垅村的选举，它不是一个村的问题，对全镇各项工作都会有冲击和影响。必须由我们两人合力去解决。"

　　易镇长立马表态，说："你是书记你坐镇，我去村里。"

　　文志辉想了想，易镇长去是合适的。他说："首先是村里班子，形成不了战斗力，履行不了上级指示。群众坚定地跟着党组织往前走，是不争的事实。显然，丁家垅村党支部失去了这个功能。"

　　文志辉说："我们相信，村里大多数党员是好的，是积极向上的，他们也是优秀村民代表，在村民中威望高，可信程度强，我们把镇党委、人民政府的意见传达给他们，坚信他们敢于直面矛盾，和我们一起设计丁家垅村的未来。"

　　易镇长清楚丁家垅村问题在哪里，他同意书记的意见，说："放心吧，书记。一定要把事情办好。"

2014 年的春节，两位镇主官谁也没有放松心情，因为过了年就到了 3 月底，就是村"两委"换届时间。以往丁家垅的矛盾都会集中在换届时大爆发。镇党委必须把控局面，让党员、群众按照自己心愿选出满意的、无私的、能够带领大家奔小康的村"两委"成员。

易镇长对丁家垅村的情况已经很清楚。丁家垅村的问题是在一个庞大族群内部起了矛盾。村民中的党员才是解决丁家垅村问题的主角。这些矛盾看起来水火不容，其实就是因为人与人之间利益有了心结。只要打开心结，一切矛盾都会云消雾散。现在，天时、地利，条件相对成熟，就靠勇气和方法，用人来解决问题。

易镇长带人去了丁家垅。

"镇长来了。"很快一大群村民围上来，跟 3 年前情景相似，要求镇长解决各式各样的问题。

易镇长停下脚步，说："我这次就是为解决问题而来。选举结束之后，你们反映出的所有问题，会有人给你们一个一个解决。希望你们相信镇党委和人民政府，支持我的工作。"

易镇长说得坚定、诚恳，却还有人不依不饶，堵着去路不让走。易介兵任由他们闹。好一会儿，易介兵说："我是来解决问题的，站在这儿，听你们说 3 天，能解决问题吗？不如你们给我时间。你们也想想谁能够当丁家垅村党支部书记、村主任，带领大家走富裕道路。你们还想这样穷下去？"

几句话点中拦路村民思想上的要害，拦住易镇长的村民让开了一条路。

春初，是农村里最忙碌季节，也是丁家垅村村民上访次数最多的时候。镇长来了，住了下来。先是和村干部单独谈话，然后到各家各户访问、了解情况、征求意见。村民们出奇地冷静，但是他们一刻也没有停止观察，冷眼盯着镇长和他的助手们的一言一行。

县委和镇委的意见很明确，一定要彻底整改丁家垅村的现状。大同桥镇只有 3 万人，一个丁家垅村就占了差不多十分之一人口。丁家垅村乱象在县上、镇上成了坏榜样。其实村民们也不愿村里这么乱，也不愿总是人与人之间相互提防、钩心斗角，他们盼望安定的、有序的日子，这是村民们的共同心声。

易介兵，现任（2018 年）攸县县委监察室主任。他告诉我，去丁家垅村蹲点，是他和文志辉书记春节前就定好的，统一思想，制订方案，因此才会有备而来：

"村'两委'换届一般在 3 月底 4 月初，我和文书记 2 月底就开始了一次次研究讨论，抓住'牛鼻子'，也就是说分析丁家垅村问题症结所在，然后，我只带罗伟平跟我一块儿来。罗伟平是聘任的本地管理员，他对丁家垅村的情况很清晰。来了，就是要伸出有形之手，主动作为，结束丁家垅村的 10 年乱象。我不隐藏自己的观点和目的，而是要主动地表明自己主张，告诉村民：我来了，就是来监督村'两委'选举。听说我去了丁家垅，有人劝我尽早离开，我说，这是我的工作，不能逃避。丁家垅村问题再多，风险再大，总要有人来解决。我是镇长，我有责任面对丁家垅村乱象。"

易镇长一天没有停歇下来。他先去拜访攸县原常务副县长、后调任株洲市统计局局长的丁润高。丁润高不常回村，回村看望父母也很少留宿，但丁家垅毕竟是生养他的故土，他时刻都在关心丁家垅村的发展。丁家垅村怎么搞，他给了易镇长自己的建议。

从丁润高那儿出来，易介兵镇长又去找丁家垅村在株洲市、攸县做企业的村民，他们的意见大多是由衷的，都希望丁家垅平稳有序发展，不能再乱下去了。

易镇长又回到了村里。镇上领导多年不敢来村里，来了就会被缠上，半天走不出去。他不但来了，还坚持住了下来，以表明镇党委、人民政府对丁家垅村"两委"选举的明朗态度，一种不解决问题决不打道回府的决心。村民也发现镇里要动真格的了。他们还看到工作组一家家走访，一次次倾听，然后又走家串户地到村民家里征求意见。

易镇长走访之后，掌握了情况：

"什么情况呢？一是村民对县、镇党委和政府不信任；二是大部分村民盼望改变，盼望丁家垅村能好起来，盼望镇党委和人民政府解决村上的经济困难。"

谈党性，讲原则；寻发展，看未来。易介兵认为，现在是解决丁家垅村问题的极佳时机，镇党委、人民政府要顺应民意，主动作为。

工作组态度鲜明，不回避、不躲闪，直面矛盾，这是解决丁家垅村问题的良好开端。

"上党课，讲党性，先统一党员思想。"易介兵说，"丁家垅村10多年没认真开过党的组织生活会。党员之间不团结，并且参与了村里两派纷争。解决党员中存在的不正确思想，大家心结才会打开，丁家垅村问题也会迎刃而解。

党课在村委会开了整整3天。易介兵讲党章，讲党员的党性、责任、义务、担当，讲共产党的光荣、伟大，讲中央的群众教育路线活动，并为此开展讨论，要求党员针对村上存在的问题，对着党章要求谈体会、找自己的差距，这个办法果然有成效。许多人说，头些年开会尽胡扯、吵闹，什么问题都解决不了。有人在党员会上又翻旧账。工作组立即制止："不诉苦，不说老问题，只讲未来。"

镇工作组要求在会上多唱正气歌，多讲自己的不足。

有人发言中冒出对别人有看法，就有党员站出来说："你是不是还想让丁家垅乱下去？"

讲党课，让一盘散沙的丁家垅村党员终于可以坐在一条板凳上说话了，虽然还有一些态度暧昧的人私底下搞小动作，却已经上不得台面。

易介兵回镇上向文志辉汇报了丁家垅村工作进展，讲述了丁家垅村的民俗、民风、民意。文志辉建议他从镇上带几个菜去，请老党员、老干部吃顿饭，这不算腐化。

这招果然灵验，大家见镇长请喝酒，很是感动。两杯水酒下肚，大家也愿意把心里憋屈的话说出来了。一位1956年退伍的老党员感叹地说："好多年没有过正常组织生活了。支部会没法开，见面就吵架。"

老党员的话反映出村党支部没有感召力，党员之间不团结，过不上正常的组织生活，不可能对村里大事小情有统一思想、一致意见。有人说到激动处，又提起那些陈年旧事，易介兵马上拦住话头："不翻旧账，只讲未来。几十年没解决的问题，我也不可能在短时间内解决。"

时任大同桥镇党委书记的文志辉讲起这段经历时很是激动，他说：

"想想看，一个农村党支部近 10 年不能正常过组织生活，可见政治生态多么不健康，这是党的声音在基层的弱化。"

文志辉在与一些镇上干部交流中，发现丁家垴村在外地工作的干部对家乡发展很关切，但他们并不常回村、不了解真实情况，对一些人、一些事有误解，这些误解势必影响家乡亲友对正确事物的判断。得知这一线索，文志辉从县上找来了丁家垴村在外地工作的领导干部名单，亲自登门拜访，主动说明影响丁家垴发展的问题和根源，倾听他们对选举的意见和建议。

这些内容清晰地表明了在丁家垴村"两委"选举中镇党委、人民政府的决心和态度，要求从正面引导家乡亲属，端正对村"两委"选举的正确认识。

镇党委书记亲力亲为协调村民矛盾，感动了他们。人在外地，可他们中大多数人意见、观点与镇党委、人民政府高度一致，对还在坚持搞派性的亲戚、友人给予批评，要求他们识大体，顾大局，不计较过去得失，向前看，不做改变现状的绊脚石和拦路虎。

这招果然在之后的选举发挥了重要作用。

下篇　民意不可违

2011 年丁家垴村"两委"换届出现的问题人们记忆犹新。那次，1 000 多人投票，以 550 多票落选的企业家丁雪龙再次成为新一届村"两委"选举热门人选。测评民意，丁雪龙人气很高，是村"两委"选举最佳的候选人选。

2011 年莫名落选，丁雪龙没有多说一句话，转身又回去做他的企业。他不缺钱，目前他承接的铁轨加工项目，还没有完工。大家对他一致评价：宅心仁厚，心不藏奸，对人友善，所以才会结识一大帮朋友。尽管没有大钱，年吃年用还是没问题。他回村竞选村党支部书记一职，不为权力，是一名党员的责任使然。自己生活过的村子几乎 10 多年没有发展，与邻村轰轰烈烈的发展相比，如一潭死水，心里不是滋味。村里看似风平浪静，真的如此吗？每次回村，灌在耳朵里的不是东家长就是西家短，要么就是谁谁上访了。国家给予农村的好政策在这里发挥不了作用。他甚至不能与人交流，以免又生些口舌。

冤冤相报何时了？

他企盼着丁家垯村改变现状，村民家家过上好日子。他愿看到一个生活富裕、和谐友善、充满自信的丁家垯村，能再以其美丽出现在人们谈资中。

2011 年的选举，他良好的愿望被撒上了尘土，掩埋了他几近神圣的承诺。落选后，有些心灰意冷，脚步没在村里停留，决心远离。友人也劝慰他别再回村里来蹚这道浑水。但闲下来又看到，村民生活依旧没有改变，族群之间的裂缝越来越大。特别是村里接连死了多个癌症病人，有的一家有两三个病人之多。一个家庭出了一个绝症病人，这个家庭很快成了特贫户，有两三个病人，这个家庭近乎一贫如洗。他参加了几个乡亲的告别会，深深刺痛他的心。

他的心被病人家属的眼泪"泡软"了。

他的耳朵一直朝着丁家垯村的方向，他的心挂念丁家垯村的发展，不说话不是不关心。他回村时和朋友们坐坐，大多数是倾听，只能倾听，却从不发表任何意见。

一晃 3 年过去了，村上没有任何变化，如果说变化，是街道更破烂了，村民情绪更低落了，关心村里的人也更少了。

3 年前选举丁雪龙的村民，坚持自己的选择。他们找到丁雪龙，盼望他不计前嫌，回到村里，带领大家往前奔生活。春夏生活在北方的雁群，要有一只好的领头雁，才能在初冬带领大家向南飞，躲过北方的严寒。村民们希望丁雪龙就是那只有责任的领头雁。

丁雪龙被诚挚的言语感动了。他理解大家的心思，没人想让丁家垯村继续乱下来。乱了这么多年，盼望着丁家垯村能够有尊严地站立起来，不再是大同桥镇人人躲着走的坏典型。他心中那块坚冰在慢慢地融化，3 年前不公正选举沉积在心里的阴霾也在悄然散去。

丁雪龙放下手上的项目，交由助手打理，身影又出现在了丁家垯村街道上。他想到易镇长讲党课时，大家讨论的一个党员的义务和责任，热血在周身沸腾。

正能量的声音是有感染力的。推举丁雪龙出来主持村"两委"工作的呼声占了上风。这是温暖的和风,带给村民们春天般的期待。

工作组走访村民,了解民意,有高达70%的村民表示愿投丁雪龙的票,这是他们内心真情实感的表达。一些村民还找到易介兵,强烈要求镇上严惩破坏团结的人,阻止丁家垅村乱下去。安定了,才会心齐气顺,丁家垅村人才能共同走小康之路。

与丁雪龙同时被村民推举出来的还有龙台村民小组组长、中国共产党党员丁卫东。丁卫东在村里也是有思想的人,他做事稳重,不张扬,脚踏实地,是多年的村民组长,有良好的群众基础。现在正忙于承接县上电视网络工程安装,是村里走出来的"能人"。村"两委"秘书丁万里、妇女主任黄子平一致评价他:"话语不多,也不善言表,却是个有知识、有主意、干实事的人。"

镇工作组考虑另一些人意见,建议推举原支部书记也作为候选人之一。

这样安排,顺理成章、水到渠成。

大多村民对于这样安排异议不大,照此安排,丁家垅村"两委"选举定会顺风顺水,一路畅行。

但是,丁家垅就是丁家垅,选举村"两委"这么大的事情,怎能不弄出点动静来呢?

不过,这个动静太大了,而且惊动了县委。县委不得不再一次动用警力。这让丁家垅村时隔3年的村"两委"选举,又一次蒙羞。

动静是由一张大字报引起的。丁家垅村"两委"选举前两天,一张动乱年代惯用的匿名大字报一夜间贴遍丁家垅村主道街巷、犄角旮旯。大字报内容显然是有针对性的,揭发丁雪龙、丁卫东的"丑行""恶事",提醒村民不要选举这两个"恶贯满盈"的家伙来主持村"两委"工作。几乎在同一天,攸县的县、镇党委和政府部门领导及丁家垅村在外地工作或留在村里的村民都收到了同样内容的短信。

大字报如同投进平静湖水中的石头,立刻在丁家垅村村民中引起巨大波澜。流言快速地在县城、乡镇泛滥。采用3年前相同的下三滥手段:选举前先把清水搅浑,待浑水澄清了,选举也结束了,生米做成熟饭,想挽回已经来不及了。

"谁干的？用这种恶劣手段干涉选举？"易介兵震怒了，在村委会办公室他拍桌子厉声叫道。

2011 年就是有人暗地组织不明真相的村民破坏选举，这是要让选举重蹈覆辙，退回到 3 年前的混乱失控局面。

村民还是 3 年前的丁家垅村民，想法却不是 3 年前的想法。

易介兵斩钉截铁地警告说："这些人是打错了算盘！"

在推举候选人之前，镇工作组再度调查过丁雪龙、丁卫东情况，对他们近些年表现了如指掌，没有任何违纪、违法现象。他们还广泛征求村里老党员、老干部以及村民代表意见，大多数人认同丁雪龙、丁卫东的支委、村委候选人资格。

选举还没开始，却又节外生枝。一些村民急了，声称要上访，要求查找破坏选举的幕后指使人。

有村民反映，出现大字报的头天傍晚，有一个穿着高领上衣、戴着低压鸭舌帽的人，从一辆没有牌号汽车下来，向巷子里走去，而且四处张望。村里人睡觉较早，天黑后无事不出门，丁家垅村中心街道又是通向邻村的交通要道，一辆汽车的停泊或通过，一个陌生人出现或停留，不会引人关注或是警觉。

一张大字报，平添了村民的顾虑，刚刚形成的良好局面，悄然发生变化，这是幕后操纵者所要达到的效应。

突发事件报到镇委书记文志辉那里，他毫不犹豫地表明态度："是谁破坏丁家垅村的选举？没商量，不妥协，必须查出此人。"

文志辉把这个情况汇报到县委领导那里，县委领导也认为这已经不是群众泄私愤这么简单，是赤裸裸地搅局，破坏村"两委"选举的违法行为。一定要打开丁家垅村局面，县委、县人民政府不能任由无政府主义思潮蔓延下去。

查，必须查！

查他个水落石出，还民众事实真相。

工作组再次明确对丁雪龙、丁卫东已有过深入了解和调查，看着他们长大的老党员、老干部也以党性保证，两个想为家乡做事的党员，人品没问题，他们又是在改革大潮中脱颖而出的成功者，不用这样的人，难道还让那些没有朝气、只为权力不做事，赶着已被邻村甩出去很远的牛车载着丁家垅村前行的人当选吗？

"这是典型的破坏选举的信号，不能让 2011 年选举时的破坏行为故技重演。"镇长易介兵和镇党委书记文志辉分析丁家垅村出现不正常现象背后的阴谋，坚决要剪断背后那只黑手。文志辉告诉易介兵，县委、县人民政府全力支持，配合工作组的工作，也不怕那些人又用上访这一伎俩。来了也不接待，所有问题，选举之后再处理。

大同桥镇备战丁家垅村"两委"选举，除了值班干部全都下到了丁家垅。

投入巨大精力，就是利用镇党委、人民政府的影响力、公信力，为丁家垅村选出合格的带头人来。

3 月的丁家垅，已是初春，柳枝抽芽，绿草茵茵，早春的池塘冒出尖尖的荷叶。

丁家垅村 2014 年村"两委"选举正在举行。丁家垅村党员来到了村委会，外出打工的党员也专程赶回来，只为投下自己手中的庄严一票。许多年了，这样宏大场面在丁家垅从没有出现过。

工作组在党员中重申组织原则、党的纪律。为防止重蹈 2011 年"两委"选举中个别人串联、舞弊现象，首先进行党支部改选，再进行村委选举。每位选举人都会在镇工作人员陪同下走向投票箱，行使自己的选举权力。

一年后，《株洲日报》在《一个农村基层党建堡垒迸发活力的样本》一文中这样肯定他们的做法：

"变化缘由是 2014 年 3 月 14 日丁家垅顺利进行村级'两委'换届选举。为防止有人捣乱，党员集中在村委会：明确党的纪律，不准串联，党员按着自己意愿，选举出新一届支委成员，确定支部书记，每个党员都有镇政府工作人员陪同，从源头切断了几个闹派性、干预选举人的作弊行为。"

"村支委"选举是丁家垅村选举的核心部分，接下来"村委会"选举就顺理成章了。

镇党委严肃认真对待丁家垴村"两委"选举，村民看到也是他们盼望看到的丁家垴村安定团结的局面开始了。

选举在村委会会议室里举行，前面挂着中国共产党党旗和中华人民共和国国旗，庄严而肃穆，让所有党员想起入党宣誓的那一天。

很多老党员望着党旗、国旗伫立很久，他们一定想了很多。

投票开始了。两个镇上干部陪同着一个代表到隔壁填写投票：不议论、不沟通、不串联。有效遏止了某些人的不善之举，避免了 2011 年选举时舞弊现象发生。

投票结果出来了：丁雪龙、老尹当选"支委"委员。

在随后"村委"选举中，丁卫东也高票当选村主任。

老尹放弃了"支委"职务，决定回县里做其他工作。

镇党委书记文志辉密切关注现场，直接指挥。

老尹放弃支委职务，的确是个意外。文志辉、易介兵和工作组成员紧急磋商。

易介兵对新班子组成有些担心："太弱了，'两委'一把手都是新人，而且没有一个人从过政，工作起来难度太大了。"

文志辉担心的也是这个问题。丁家垴村是个 2 000 多人的大村，事务多也很杂，又闹派性多年，村里工作 10 多年没有起色。思前想后，他还是下了决心："顺应民意吧，不破不立。他们虽没当过村干部，但群众基础好，又有为丁家垴村做事情愿望，批准了吧。"

于是，"两委"班子名单公开贴在村委会墙上：

丁雪龙任村党支部书记

丁卫东任村委会主任

黄子平任村妇女主任

丁万里任"两委"秘书

"两委"班子成员平均年龄 37 岁。4 位从未担任过村干部的新人入选，获得村民们认同。

"两委"选举名单刚刚宣布，村委会院儿里突然放起了花炮，全村上千人站满院内外。一位村民兴奋地说："过去选举踩票箱，今年选举放炮仗。"

易介兵后来得到消息，选举结束后，村民们高兴，一些人自发地凑到一些放起了花炮。如果今天选举还是被人暗箱操作，这些村民决心再度上访，从县到市再到省，解决不了直接进京，坚决告状到底，一定让选举结果符合民意。

丁家坨村"两委"选举成功。后来，捣乱选举工作的别有用心之人也受到了应有的处罚。这一切，是攸县县委尤其是大同桥镇镇党委坚强领导，实事求是处理发生事件的结果，这也是改变丁家坨村落后现状的开始。

丁雪龙、丁卫东一班人走上了人生新鲜又陌生的路，他们想到却没有意识到，一个选举彻底改变并打乱了他们以后的全部生活。他们再也没有睡过囫囵觉，事无巨细，每天村里的大事小情，都要操心过问，脑袋里装满办不完的事情，这是责任使然。

新上任的村"两委"成员果然不负众望，给丁家坨村带来崭新的气象。丁雪龙的表现很让村民满意，按照老百姓的说法："他是拳头上立得人，胳膊上走得马"，其意思是比喻他为人正直、光明正大。得民心者得天下，这是最接地气的话语。但是我也欣赏丁家坨村老百姓的话语，他们这些话语都是长期劳作和生活积累的人生经验，经得住岁月的风雨洗涤，从而成为颠扑不破的真理。

第 5 章 作为

上篇　行动

选举结束了，等待"两委"成员的不是鲜花和喜悦，他们坐在村委会破旧的房屋里，讨论接下来等待他们的千头万绪事务。

用一穷二白形容村委会的经济状况，可谓是恰如其分。村上没有经济实体，也没有一分来钱渠道，只等政府拨下来办公费用。上届"两委"账本里虽然留下了 10 万元钱，除去已花的费用，还有欠款，欠了款是要还的，不能赖账。那么，算下来账上是负数，这是现状，也是实情。"两委"成员们好一阵唏嘘，他们不知道接下来一支笔、一张纸的费用哪来。丁雪龙想过村上不富裕，不会有多少存款，却没想到留给他们的还有必还的债务。

既来之，则安之，想到了也好，没想到也好，"两委"成员必须接受村委会没钱又欠外债的既定事实，他们只能背水一战。

"负戈前驱，披肝沥胆，携手共渡难关"。这是丁雪龙组织召开的"两委"第一次会议的主题。没有悲观，也没有退缩，坚定决心，就在这两间破旧房屋里，指点丁家垃的未来。

县委办公室派出担任丁家垃村驻村第一书记的小朱，见证了新当选"两委"成员的处境：

一是地上无设施。村部在丁家垃完小办公，借用完小二楼房间，也没有像样的基本办公设施。几张桌子，几把椅子，墙上贴着几张宣传画和制定的规章制度，但一直没人去执行它们。

二是地下无资源。攸县是湘东煤炭为主的资源大县，上苍却忘了丁家垅，地下什么资源都没有，没煤、没油、没矿石。

三是丁家垅村没有经济实体。村里办公经费紧张，村民除了土地，也没有一分钱的额外收入。

四是地上污染严重。不知道污染源在哪里，也不知道来自何方，而村里人患癌症、尿毒症、白血病的人逐年增加，全村常年癌症病人在 30 人以上。村里人谈"癌"色变，又束手无策。

五是村风、民风不正。"两委"成员上任前都知道丁家垅村情况复杂，"两委"开不起来任何会议，举个手的会议都能闹得底朝天。镇干部来村里就会被围住不让挪步，要求解决问题。

小朱说的是实情，丁家垅村给外界的印象就是"乱成了一锅粥"。

丁家垅村"两委"何去何从，摆在村党支部书记丁雪龙和他的一班人面前。难，他想到了；这么难，他没有想到。但不管多难，也没有后退的理由。他说："万事开头难，必须踢开头三脚。别人乱了心智，咱不能乱；别人说困难，咱不能说。选举时，我向村民表态过，给我们 3 年时间，还村民一个全新的丁家垅，一个逐步有经济造血功能的丁家垅。"

这是承诺，也是誓言，他们必须为这个承诺付出所有努力。他们必须理性也只有理性面对种种困境、矛盾，稳定人心，解决村民急需的问题和困难。他们没有捷径可走。

"干不好也会被拉下马。"这样的杂音，他们不会听不到。

"村民是看我们怎么干，不是听我们怎么说。"丁雪龙的领头宣言很简单，没有激扬，也没有悲悯。他必须带领"两委"成员克服想到的、没想到的重重困难，披荆斩棘，一路前行。

不论有多少困难，多少理由，都没有退路。丁雪龙承认对村里的管理缺乏经验，如果有成熟的村干部带领，他相信不会这样不得要领。

丁雪龙后来告诉我，当时有人告诉他，丁家垅的改变，先从民风转变开始，丁家垅村民风出了问题。丁雪龙说，不！是基层组织党风、党纪出了问题。丁家垅村人曾有优秀的家教、家训、家风，这是 500 年的传承。国家扶贫政策像雨露阳光一样洒在湘东大地，农民却没有感受到党的温暖。丁家垅村人贫困了这么多年，给村民留下了太多沉重的生活负担与艰辛，有自然因素，也有人为责任。

改变民风，先正党风。党员干部作风正了，民风自然也会正起来。

为加快丁家垅村经济步伐，必须与村民取得共识，一致行动，前提是村民舒展心情，消除彼此间的疏隔，达到相互间无障碍的思想融洽与沟通。只有村民间情感不再疏离，融合在一起了，才会促进丁家垅村经济快速发展。

这是新的"两委"例会达成的共识。大家意识到，正党风、变民风的同时，寻找丁家垅村的发展出路，改善民生尤其显得重要。

接下来丁雪龙连续召开党员座谈会、村民小组组长会、村经济讨论会、老干部征求意见会，这些会都集中一个主题：丁家垅村接下来的路怎么走，群众反映最强烈的问题有哪些、如何解决？

没别的捷径，"两委"只有依靠村民，多听取他们的意见，共同为丁家垅村未来发展出谋划策。不管这些意见对错，甚至是激进的、难听的、委屈的、不着边际的，他们都必须静静地倾听。学会倾听，是丁雪龙对"两委"成员的要求。倾听是自信、是勇气、是责任、是敢于担当。

这样的会议很新鲜，这样的会议许多年没有开过了。会议的讨论内容关乎民生，村民喜欢这种形式的参与，可以表达自己对村务工作的关切。丁雪龙说，村民参政议政，可以增加村民的责任感，也增进了党群、干群之间的关系。

这是丁家垅村人相向而行的一个良好开端。唱千支赞美曲，不如做一件实在事，让村民看得见，摸得着，会更有说服力。

艳阳暖暖，天高云淡。湘东四五月间，正是农村"芒种"季节。丁雪龙走到了农田里，见几个早早下地的村民蹲在地头抽烟，还有人忙着整修田埂水渠。他和他们打着招呼，走到了他们中间蹲了下来。

远处是白龙江，江水汩汩流淌着。白龙江不大，却是沿江村镇泄洪的主河道。

村民说，别看它现在挺温顺，安安静静的没有脾气，发起疯了来，老天也挡不住它。

村民说，每年春夏，湘东雨水多，白龙江上游邻近的4个乡（镇）所有雨水顺江而下。上游水流往下游了，处在白龙江下游的丁家垅村却成为水患的重灾区，提起此事来他们还心有余悸。

村民连续反映多年，年年都向上级报告，年年得到回应说，再研究研究，再研究研究，最后还是不了了之。村民脸上的表情告诉他，他们也只是发发牢骚，并不指望丁雪龙在任上能有什么作为。丁雪龙没有回应，这是个难题，一个需要政府协调上下游村镇共同来完成的难题。

村民说，晚稻灌溉时，缺水也是个大问题。村民呼声也是喊了好多年，盼望尽快解决。几十年了，这个问题一直悬而未决。因辖属问题，大多时间相关部门是在互相推诿，结果是年年无望年年望。

一条江河，两个难题。

丁雪龙和"两委"成员决定，做好第一件实事：解决白龙江边村民晚稻灌溉问题。民以食为天，没有水的稻田，哪里会生产出稻谷？

白龙江泛滥，与丁家坳村地势有关。

丁家坳村地处白龙江下游，春夏雨季洪水泛滥时，丁家坳村民忙着泄洪；收完早稻，湘东雨水又偏少。天晴云高，白龙江进入枯水季。这时沿江农民都会抢灌晚稻田。水是从白龙江上游引进灌渠的，沿岸 4 个村庄共用一条灌渠。季节一天不等人，农民最明白这个道理。割完早稻，沿渠村民夜以继日地抢灌晚稻田，灌渠里水流到丁家坳村地界时，剩下的水很少很少了。靠天吃饭的丁家坳村村民只能"望渠生叹"，等着渠水灌满了上游村民自家稻地，这时已过晚稻灌溉最佳期。同是一块大地田，别村种上两季稻，收获两季粮，而丁家坳村却只有春季稻，大多年景晚稻没有收成。没水的稻田不打粮，丁家坳村怎能不贫穷？加上连续多年的内斗，耗尽了丁家坳村人的发展精力。

20 世纪 60 年代后期到 70 年代末，丁家坳水利设施健全，上游陂坝之水顺着沟渠，灌溉到丁家坳的农田里，使其农田旱涝保收。各生产队用拖拉机耕田，抽水机灌溉抗旱，用脚踏式打稻机脱粒，大大提高了生产效率，也降低了农民劳动强度，促使粮食产量大幅提高。

这些都是丁家坳村民心里剩下的记忆。

一切都要从头再来。

晚稻灌溉不能等待，节气过去也不会再来。村党支部书记丁雪龙、村委会主任丁卫东带人多次查看白龙江沿岸灌渠情况。白龙江两岸连年遭受洪水冲刷，堤溃不成样子，经受不住大灾年景的洪水。村民记得，前几年一次洪水淹没了丁家垅村 100 多亩田地，淹过的田地几乎绝收。洪水成患，干旱成灾。洪水不会年年有，丁家垅村村民因干旱晚稻歉收、绝收一年都没有落下。

丁雪龙他们沿江边一次次考察调研，一次次倾听村民呼声之后，又一次次修改灌渠维修方案。丁雪龙最终下了决心，他对丁卫东说："修江堤现在咱们还做不到，经费不是个小数目，卖了村里所有资产，也凑不够这笔钱。还是从解决晚稻灌溉下手吧。"

"对，先从解决晚稻灌溉入手。"丁卫东的想法与丁雪龙的想法不谋而合。

"钱呢？"很快，两人脸上又暗了下来。

不为民做主，咱还当啥官儿？丁卫东了解丁雪龙的心事，他们在一起讨论多次，有心为村上做些事情，却苦于没钱，一分钱也会难倒英雄好汉。丁家垅村集体收入为零，落后的村经济是指望不上的。县、市人民政府对贫困村有些改造项目，也因为村上的一次次上访而影响了项目款的划拨。敲锣打鼓庆丰收的是邻村，丁家垅村失去了活力，大多数村民选择外出务工来养家糊口。

丁卫东望着白龙江说："当务之急，咱有一江白龙水，水源丰富，只要解决'电排'，把扬水站建起来，晚稻灌溉问题就能解决。我看了一下，至少要 4 个'电排'，配套设施泵房、电机、开渠也要 30 万～40 万元。没钱，所有的讨论都是空谈。"

没钱，所有的讨论都是纸上谈兵，毫无用处。现在，他们要做的，不是唉声叹气，只能自己想办法筹钱。

丁雪龙一时语塞。扬起头，远处是绿意葱茏的丘陵坡地。丁家垅所属的地域丰收与灾害共存，既然老祖宗选择了这里，这里就该是幸福地，是丁氏后代守望的家园。村民祖辈人都在村里生活，所有指望和期待都是分得的土地。土地荒芜了，他们希望也落空了。不能让村民年年无望年年望啊。

从坐上村委会主任位置那天起，丁卫东才渐渐地明白，困难像一座横在面前的大山，此刻他们必须勇敢地面对，风雨同舟、不逃避、不妥协，披荆斩棘，爬过大山。

有村民从眼前走过，跟两人打招呼。

两人肩上的担子无比的沉重。

"咱俩还不能回家卖红薯啊！"丁雪龙若有所思地想到灌溉渠电排解决方案了。

丁卫东听不明白村支书这句没头没脑的话，愣愣地看着他。

"我就不信了，所有的路都被堵死了。"丁雪龙似乎在跟自己赌气。

丁卫东无奈地摇摇头："多有本事的巧妇，没有粮米，也做不出好饭菜了。古人还说兵马未动，粮草先行呢。"

丁雪龙满怀信心地说："路有千条，总会想出办法来。"

丁卫东不解地问："有啥路可走？"

"条条大路通罗马，没有过不去的坎儿。"丁雪龙想了想说，"从现在起，咱俩分工，你主村内，我主村外。村里的事你担着，我出去化缘。"

一条江水给丁家垯村"两委"出了两个难题：一是洪水泛滥，二是晚稻灌溉。民心所指，村"两委"存在的意义是消除村民烦恼，解决村民凭每个人一己之力无法解决的难题。

丁雪龙是个急性子，两人从地里走出来，他没有回村委会，也没有回家，直接开车去了县城。从打上任，他就没有一天不着急上火。千头万绪，只说不干白吃饭。干，不一定能成；不干，肯定不成。农民赖以生存的土地不打粮，这是非解决不可的民生问题。

他去找县电力局领导汇报，电力局领导肯定了他的想法。如果有钱，他们一定会给予支持，问题是没钱。他又去找县农业部门领导，他们的回答几乎相似，支持，理解，但要先立项。而且还有几个村上的农田基本设施损坏情况比丁家垯村的还严重、还糟糕，不能厚此薄彼，所有村上的事情都是要解决的。丁雪龙明白，不是不支持，是丁家垯村人的行为，让政府各部门疏远了。次而求之，先解决晚稻灌溉，不能等到秋后再商量，那时晚稻歉收又成定局，但这个希望也落空了。

白龙江 40 年没消停，丁家垯村人 40 年向上报告恳请解决；丁家垯村人等待了 40 年，也期盼了 40 年，至今依旧在无奈地苦苦等待。

走出县人民政府大院时，丁雪龙习惯地看一眼远山。远方天空上是云，是蓝蓝的天，明朗而清澈，而眼前的天地间浑然在一起，让他看不清前方的路。想干成一件事情怎么这么难？

很快，他发现自己产生了不该有的情绪，如此就产生畏难情绪实在不应该。

丁雪龙是个意志坚定的人，认准了事情绝不回头。在经历了短暂的失落与悲伤之后，坚定的信念又满满地充实了他的内心。他又开始踌躇满志地寻找新的解决方案了。

他自信干的一切都是值得的。因为难，才需要他们站出来面对接下来的挑战。

车到山前必有路，父亲是在遇到困难时说的这句话。现在他遇到了难题，又想起了父亲这句话。曾有人预言，丁雪龙没长性子，也就三分钟的热血。村里一无产业，二无积累，人之间关系又这么复杂，想可以，做起来没那么简单。这话丁雪龙听到了，但没有回应，只是笑了笑。出水才见两脚泥，能不能治理好丁家垅，让时间见证吧。别人怎样看他、猜度他都不重要，他也无需争论。村民不看过程，只要结果。

改变，必须改变，这是不可阻挡的趋势。这个信念来自他对党的农村政策的理解。没有理由不借助党对农村、农民下大力气扶持力度的东风，恢复丁家垅村曾有过的和睦团结的邻里关系、生气勃勃奔小康的劳动热情。

丁雪龙相信，天无绝人之路。他不会放弃最初对村民的承诺：给我三五年，还你一个崭新的丁家垅。他相信，更多人会支持他的选择，就像当初选举他出任村党支部书记一样给他支持，给他鼓励。村民殷切的目光是希望他和他领导的团队一改前任的思维方式，带着大家改变贫困落后面貌。难道，这不是最好的支持吗？

丁雪龙把求援电话打给了同乡、同族、同学以及曾经的生意伙伴兼好友。好友在株洲城里做建材生意，规模不大却也风生水起。丁雪龙的语气很急切，他说："兄弟，我碰到困难了！"

"你丁雪龙也会有困难找我？"好友在电话的另一头笑道。

"真的，不是开玩笑。"丁雪龙认真地说。

"怎么回事？"好友不笑了。

丁雪龙把村上安装电排缺钱的困难告诉了好友。好友想了想说："电话说不清楚，你来株洲吧！"

"来株洲？"丁雪龙先是疑惑，而后明白好友的意思。

丁雪龙开车到了朋友办公室时，这里已经坐了好几个熟悉和不熟悉的人。相互介绍过后，好友开门就说："我这位仁兄一直在株洲、在县里做工程，做得很不错，如鱼得水。今年执意回村当支书，生意不做了，公司也关掉了。我先是不理解，劝他三思而后行。他们那个村是有名的贫困村，而且村民不团结，又是有名的上访村。他不听劝阻，对我说，不为别的，就想在还能干的岁数上，为丁家垅做点事情。他想的，想做的，没有一样为自己。我理解他，也想尽自己所能帮助他。"

朋友又扭过脸对丁雪龙说："雪龙，都是朋友，有你们村的，也有市里的，你给大家说说村里情况，还有你的想法。"

丁雪龙就把丁家垅村现状，以及晚稻因为没水浇灌，很多稻地荒芜了的困境地向大家讲述一遍。他真诚地说："周边农民富了，丁家垅村农民没富，戴着省、市、县贫困村的帽子。丁家垅村人穷，靠种地维持生计，种地夏季要防洪水冲毁，秋稻又被干旱难住了。一年又一年，还是老样子。我做了村干部，就是要为村民解决难题啊！"

有人问丁雪龙："需要多少钱？"

丁雪龙老老实实地回答："三四十万元吧。"

三四十万不是个小数目，靠一个单位或几个人还是有难度的。大家安慰丁雪龙："你也别上火，办法总会有的。"

丁雪龙多年做生意，为人厚道、实在，结交了不少朋友。这些人感激丁雪龙的帮助，也决定帮他一把，度过了他任上第一道门坎。朋友们同意从自营公司拿出一部分钱，支持丁家垅村电排改造项目。他又找到市政府有关部门，帮忙从专项资金中挤出一些拨给丁家垅。

"浇地是个老大难问题，几十年了一直没得解决。一年之计在于春，村民反映强烈，我也着急，直奔县里、市里。过去做生意积下的人脉资源这回派上用场了。大家见我有难，伸出援手帮我。"丁雪龙这样告诉我。

丁雪龙还说到一个人的名字：丁勇。

丁勇现任株洲一家集团公司副总经理，父母都是退休老干部，也都是从丁家垅村读书考学走出来的农家子弟。走上县、市领导岗位，没有忘记家乡，村里大事小情都会尽微薄之力，是丁氏子孙学习的榜样。我们在丁家垅宗祠记录捐款名单里，多次看到他们的名字，在丁家垅村民口中也多次听到他们关心家乡的事迹。丁勇从小在城里长大，父母的耳濡目染让他对家乡有一份深深的情感。他多次随父母回丁家垅村探亲，丁家垅一草一木、一山一水都让他倍感亲切，他佩服丁雪龙的担当和勇气。听说丁雪龙遇到资金上的瓶颈，回家向父母汇报了丁家垅村遇到的困难。两位革命老人就和儿子商量，各自找熟人为丁家垅村拉赞助，实施村里农田水利设施改造。

丁勇和他父母的行为感动了丁雪龙的朋友，也感动了在外工作的丁家垅村人。不论钱多少，千里送鹅毛，礼薄人情重，多少都是一份爱心。

电排的费用解决了。有了钱，施工、设备就不再是难题。丁卫东立即组织村民动工。村民看到村"两委"动真格的了，就都愿意出工出力。这样的事情，不为别的而为自己，村民愿意干，大家都态度积极、主动。

为自己干事儿，村干部高兴村民热情高、干劲足。只用了3个月时间施工，电排房、扬水电机、灌溉渠都完工了，这时田间里早稻已是一片橙黄色。割了早稻，马上就要进入晚稻犁田浇灌了。

白龙江水扬进了丁家垅村灌渠，又汩汩流进了稻田，也流进了村民心间。土地啊，你是农民一年的期盼，与你们的生活息息相关。农村人没有更多语言，他们把感激写在微笑的脸上。他们认为，合格的村干部就该帮助村民解决问题，这才是实实在在的，这才是受村民爱戴的好干部。那些大道理，他们听不进去，也听不懂，离自己很遥远。

表千句决心，不如做一件实事。仅水扬进灌溉渠这一件事儿，就树立了村"两委"成员在村民心中的地位。困扰许多年补水灌田的老大难问题在丁雪龙上任之初就解决了，所有对他不利的流言自然苍白无力，村民们在心里认同了他，也认同了村"两委"班子。

听听两位前任老书记对丁雪龙的评价吧：

丁冬成（1997年任丁家垅村党支部书记）：

丁家垅村人不是不讲理，他们是通情达理的。他们认为，你是支书，你在任上，就该为村民办事。丁雪龙的行为感动了村民。晚稻灌溉是几十年的老问题，丁家垅村在攸水尾部，前面在新市拦河坝引出了灌溉渠，上游四五个村子都在用，水渠里的江水流到丁家垅村就没了，我们的晚稻只能眼巴巴看着干枯死掉。对历任的"两委"班子，村民都有诉求。他们也不是不想办，没钱什么也办不了。丁雪龙做了，而且做得很好。做得好，村民就肯定他，就拥护他。

丁晚生（1979 年任丁家垅村党支部书记）：

这是丁雪龙上任后做的第一件实事，这事儿做得好。村民对他刮目相看了，说他是办实事的支书。大家慢慢地观察他，知道这个年轻人心地好，能想办法。不管拥护还是反对他的人，都有一个共同愿望，让丁家垅好起来。丁雪龙就是这么一个心思。

村"两委"头三脚踢出了信任，踢出了民心所向。

丁雪龙感受到了村民暖暖的目光，他对村主任丁卫东说："你看见没？老百姓不需要我们花言巧语，只要实实在在做事，他们就欢迎，就拥护。"

说实话，干实事，是以丁雪龙为代表的党的基层工作者发自内心的强劲声音。没有豪言壮语，脚踏实地工作，歪心思也就不找他们了。

我们看到，2014 年 3 月 14 日丁家垅村顺利进行村级换届选举，选出了以丁雪龙为村党支部书记、丁卫东为村委会主任的"两委"班子之后，丁家垅的变化引起各级人民政府的关注。

"沐浴了党建春风，让我们看到仅仅几个月时间里，说起来让大家头疼的丁家垅村焕发了勃勃生机。"这是株洲党报的结论。

接下来，我们在 2014 年又看到：

6 月。投入 23 万元，完成了龙头、龙江、龙西 3 个组变压器扩容，解决了全村用电跳闸问题；

7 月。投入 26 万元，新修两条水渠，架设一条应急抽水专线，解决村里耕地的灌溉死角，当年 300 亩晚稻获得丰收；

8 月。新建村民活动中心。

……

丁卫东也是第一次被选为村委会主任，他和丁雪龙一样，没有别的目的，就想为村里做些事情。丁卫东说，村"两委"每走一步，村民都看在眼里，记在心上。解决了白龙江水灌溉问题，这个影响是很深远的。

有多深远？丁卫东没说。

我重温了 2015 年 8 月 21 日的《株洲新闻联播》，这是几年前的旧闻，却依旧能感受到村民内心的喜悦。在这条《实干挣来好日子》的专题中，有如下内容：

丁家垅村曾经是攸县有名的上访村，村里的基础设施不完善，农田灌溉存在死角，盲区面积大，全村用电频频跳闸等，都是村民多年的老大难问题。新的村"两委"班子上任后，干了一桩桩实事，以实干加巧干的精神，赢得了村民信任，他们带着全村人逐渐走出困境。

沟渠纵横田间，源头活水潺潺。

丁家垅村 58 岁的丁建国，种了半辈子地，今天终于为"水"松了一口气。丁建国说，以前我们这里只能种植早稻，晚稻都干旱死了。

攸河、河东渠两条河道上游有一万多亩农田要吃水，而丁家垅村恰好处于河道的下游。遇上了高温天气，丁家垅村会有四五百亩农田遭受干旱之灾。丁家垅村也不是没有水源，而是缺少抽水设备，自打老机器坏了，他们盼了快 20 多年了，一直没有解决，成了老百姓的烦心事。

丁建国说河道就在旁边，离农田不过 30 米的距离，以前水流不过来，真的急死了，上了新的抽水泵，问题一下解决了，村民们都拍手叫好。

在炎热的夏季吹着空调看电视，是村民丁运乐很难享受到的事。多年来，每到用电高峰期，村里的变压器就会"罢工"，导致全村用电跳闸，这又是长时间未能解决的闹心事。

这一问题 2014 年 7 月得到了解决。村里 3 个组的变压器扩容后，由原来的 50 千瓦增加到了 200 千瓦。这样一来，村民用电难的日子彻底翻过去了。这是新班子上任以后，帮村民们解决的难题。

村民丁运乐所说的新班子，就是村党支部书记丁雪龙带领的村"两委"成员。2015 年 9 月，新班子走马上任仅仅一年零 5 个月，就将曾经困扰村民多年的老大难问题各个击破，打通农田灌溉最后一公里，彻底解决低电压的难题。

村党支部书记丁雪龙说："争取资金的过程，吃了很多苦，我也流过泪，但是我也没有办法，要做的事情实在太多了。"

丁雪龙是当地的创业致富能人，他有一股不服输的劲头，这股劲头也带动了村"两委"的其他人。村委会主任丁卫东放弃了蒸蒸日上的数字电视工作,做起全职村干部。

丁卫东说,当村干部,自己肯定要作出一些牺牲嘛。

一年零 5 个月前,丁家垅村还是戴着一顶"上访村"的帽子,问题频频,上访不断。如今,山还是那座山,河还是那条河,而这个村庄就像被春风沐浴过,焕发着生机。由废弃鱼塘改进的村民活动中心已初具雏形,它的变迁,就像这个村子的缩影,一点点翻新,一天天的日新月异。

问到丁雪龙的想法时,他只说一句话:"只要村民高兴,我就觉得值。"

在村民为丁家垅村终于有了自己的灌渠欢欣鼓舞时,又有另外一种声音传进丁雪龙耳朵里:"谁相信他丁雪龙有没有歪歪心思啊?他傻呀,好好生意不干,当这个受罪的书记!还不知有多少不可告人的目的呢。"

这些流言蜚语再一次让丁雪龙意识到村"两委"虽都是新人,但旧传统、旧势力还在,还在阻挡着村子的前行脚步。而这些旧的习惯思想也存在党员、老干部中间。丁雪龙认为,打铁先要自身硬,这个自身不仅有村"两委"成员,还有农村里的老党员、老干部。他在支委扩大会上,语气凝重地说出他的心事:"有人怀疑我回村的目的,说我有野心,如果说我有野心的话,我的野心就是希望丁家垅村人不再斗下去、不再穷下去。我们要去比,自己跟自己比,自己跟邻村比。我不想让丁家垅村贫困村帽子一直戴下去,留给我们的子孙。"

丁雪龙的话语不高,却是沉甸甸的,落地有声。秤在心里,谁又不会称量呢?

中篇 作为

丁雪龙不是完人,有着常人的喜怒哀乐,当外界不公力量压得他喘不过气来时,人性弱点也会冒出来,他会发泄内心的不满,风雨过后,责任感又会回到他身上,又把丁家垅一村人的事务扛在肩头。

也正是丁雪龙领导下的村"两委"班子,扛着外界压力,坚守了内心信念,丁家垅村才会用了不到 5 年时间,从贫困落后、矛盾丛生的丁家垅村，名列县、市、省级"美丽乡村"示范村。

株洲市党报认为，"这是一个基层党组织迸发出的活力"。

丁家垅村的快速发展，让人刮目相看。村民说，这是因为有一个负责任的村支书。

打通农田灌溉最后一公里、解决低电压的难题，只是以丁雪龙领导下的村"两委"做的第一件实事。他们信心满满，接下来，还有许多的事情要去解决。村"两委"成员不会停下前行的步伐，他们要一件件去完成。

一连几天缠绵的秋雨，泡透了村街心的土路。这条路从打有丁家垅村名时就存在着，几辈人，都想改变它，也曾修缮过它，终因雨水或是难以承受的负荷而被破坏。现在，它又回到了初始状态。天晴时它还是条路，雨天时污水又任性地在路上横流。前些年，政府和村民共同出资硬化了水泥路，成为了通往邻村交通要道。丁震西在《丁家垅水泥大道胜利告竣记》中这样写道：

"1998 年冬，兴伯公族裔良玉等倡导族众子孙及全村村民出钱出力，修筑丁家垅村水泥大道，以实现建设美丽新农村宏伟目标。此举得到了乡及村委会各级领导的重视，经县规划局办公室协助勘察设计，一条长 3.5 公里、宽 4 米的丁字形水泥大道。经过 6 个月的努力，于 1999 年 5 月 1 日竣工，并举行隆重的竣工通车典礼。与此同时，不到两个月，继续修成 6 条水泥支路，贯通丁家垅村全境。在水泥大道兴修过程中，界溪丁氏子孙积极参与，建议每人出资 40 元，但捐资 50 元以上的有 501 人。在外工作的族裔启初、宗娥、润高、端其、桂初等贤达之士对家乡建设关心，解囊捐资，谱委会（修谱委员会）界溪分会也捐了 5 000 元。村主道工程共集资金 50 万元。6 条支路修成，主要靠农户出钱出力，村里按每立方米 20 元标准进行补助。"

村老书记丁良玉在任期间举全村之力修成的水泥大道，使用不到 10 年，硬化路又退变回到了泥巴路。这不是一村一地的问题，几乎所有水泥硬化路的寿命都会如此。丁家垅村民呼吁重修道路，久久没有回声。他们曾在路中间设置障碍，阻止公交或其他村庄汽车通行，目的不是搞破坏，只为引起政府有关部门关注，尽早修整破损村道。所有的努力都无法达到修路的终极目的，来往公交车辆没有一天停止运行，破烂的村道更破烂了。

新的村"两委"上任后，所有问题成串成堆地又被提了出来，等待他们来解决。这些多年悬而未决的问题成堆，处理起来需要有个轻重缓急，不可能眉毛胡子一把抓。丁雪龙明白心急吃不了热豆腐的道理，事情要一件件去做才行。

"咱们被推到这个位置上了，想退都退不下来了。"丁卫东说。他性格稳重，看问题全面。他是和丁雪龙一块被推举出来的"两委"成员，也和丁雪龙一块被匿名大字报列有"十恶不赦、劣迹斑斑"的人。经历了选举风波，让他一下子成熟起来。他和丁雪龙一样，没有怨言也没有理由，带领村民艰难前行。

在经历这么多事情后，他敬佩丁雪龙坚定的决心以及他负重前行的意志力，自愿与他同甘共苦，带领村民一路奔小康。他理解丁雪龙的想法，不单是一家一户上门劝导村民跟着"两委"同步走，还要做好几件影响人们生活的事情。人们只看行动结果，不会在意行动中的酸甜苦辣过程。这对刚刚上任，没有任何农村工作经验的人来说，也是对意志力的磨炼。

从哪里入手呢？

丁雪龙说："办法总比困难多。"

未经风雨，哪里会见彩虹？

当丁家坳村晚稻灌溉解决后，村"两委"在群众中的威信上升，他们的努力被肯定，他们的行动被信任，这就是丁雪龙和丁卫东团队的希望，是他们要达到的目标。

村"两委"又根据村民代表提出的内容进行疏理，列出了村"两委"要做的三件大事。"两委"成员认为，这三件大事是阻碍丁家坳村致富的主要因素，也是前任想过，因多种原因，想了却未能做成的大事。

第一件大事就是改造村里通向村外的道路。

村里的路虽修过，但它被压烂了，烂得一塌糊涂，一条村路坑坑洼洼，晴天尘土飞扬，雨天泥泞不堪。随着近年车辆增多，路也显得窄巴了，连双向会车都很困难，行人在路边也要躲着车子走，不方便也不安全。上届"两委"不是没向政府反映过，村民还多次去县人民政府提出修路要求，都没有成功。是啊，县人民政府辖下乡（镇）十多个，村庄几百个，都需要用钱，钱从哪里来？攸县主业是农业，随着国家对自然资源开发的严令限制，曾作为主导副业的煤矿大都被关停了。政府资金来自国家拨款，专款专用。

路还是那条破路，车还是在村道上颠簸前行，晴天一地灰，雨天一身泥，村民意见很大。

要想富，先修路。

路是一定要修的。

现在提出修路，需要解决的关键是钱。

与此同时，修整泛滥的白龙江，查找村民大病致贫成因，是这届村"两委"面临的又必须寻找突破解决的重要问题，丁雪龙把它们与修路并列为当务之急的三件大事。

毛泽东主席有句名言，政治路线确定之后，干部就是决定因素。丁家垅村"两委"抓住村民反映强烈的、关乎生计民生的大事优先解决。

"两委"成员统一认识，共同商量，深入研究，找出问题，想办法解决。丁雪龙说："贫困从来就不是一件光荣的事，没人愿意受穷，贫穷总有这样那样原因。摆脱贫困，是我们这届'两委'成员的使命。村民在看着我们的一言一行。说千遍誓言，不如做一件实事。只解决晚稻灌溉、电排两件事，村民就改变了对我们的看法。所以丁家垅的改变不能停止，还要继续下去。"

作为"两委"掌舵人，丁雪龙给大家勾勒出一幅丁家垅明天的构想和蓝图。干，蓝图才会变为现实。

丁雪龙的想法很简单，既然当上一村"父母官"，就要负起责任，实现自己的承诺。他的承诺并不多，就一句话："让丁家垅变个样。"

一句话，千金重。他知道接下来的路，同样泥泞难行，还会有许多突发情况出现。走一步就要走好一步，村看村，户看户，村民看干部。他想到，既然自己选择了这件事，他必须不妥协地走下去。因为他承诺过，他也必须为自己的承诺负责。

"我知道面临问题很多，解决起来很难，难题不解决还是难题，难题绕开走还在那儿搁着。"丁雪龙抽着烟，辛辣的烟雾让他眯缝着眼睛。这些困难每天都在他的脑海里盘旋、挥之不去。

下篇 负重前行

当下要做的三件事像三块大石头一样压在丁雪龙身上，每天都在负重前行。

提出了方案就要推进落实。没有钱，推进的难度可想而知。丁雪龙告诉我，那时候，每天早晨睁开眼睛就是钱。原来做生意，没有为钱犯过大难，回到村里工作才知道钱是多么的重要。真正体会到了什么是"一分钱难倒英雄汉"。家有千口，主事一人。上任后，村委没有留下钱，还要还清上届"两委"欠下的债务，新"两委"可谓是一穷二白。为了改善村里环境，丁雪龙四处求人。你是村里掌舵人，别人说难，你不能说，默默地自己担着。别人说苦，你不能说，因为你无处诉苦。

身边的村委会主任丁卫东是他坚定的支持者。丁雪龙说，他特别感谢丁卫东，在他实在撑不住的时候，丁卫东就站在他的身边，无需更多安慰，只是一个鼓励、支持的眼神就让他很温暖。丁雪龙经常外出求援，村上的大事小情丁卫东说"我来"。他就默默担起来，从没有一句埋怨、一声叹息。如果不是丁卫东做搭档，丁雪龙不知道自己能不能撑起丁家垃村的天。两个人经常坐在一起讨论下一步工作，有时讨论不去了，相对无言，只剩下大口大口地抽烟。有一次，一位村民办事推门进来，说看见门缝往外冒烟，以为着火了呢。

他们是在丁家垃一无所有的情况下承担起丁家垃当家人的责任。丁雪龙说，既然担当了，就不能退缩，向前一步许是海阔天蓝。

经常两人说着说着，丁雪龙不吭声了，一个劲儿抽烟。丁卫东就知道他为村上的事上火了："千头万绪先做一件急需的。"

那一次，丁雪龙从烟雾中抬起头来说："那就从修整村路开始吧。"

丁卫东盯着丁雪龙的眼睛，他犯愁了："村上硬化路，政府同意拨给的资金，并没有实际拨下来。"

丁雪龙想了想说道："这我知道。干起来再说，不干永远是难题。"

干，是丁家垃村"两委"主动作为。他们坚定地认为，干，不一定成功；不干，肯定没有结果。这句话是他们对"两委"成员的要求，也是提醒自己的座右铭。

村里道路很狭窄，旧路只有三四米宽，有些路还被村民旧物件挤占了，路不是路，街不像街，有一段路行车都难。他们就以"两委"名义贴出告示，说明要想富先修路的意义，并划出扩展、重修街道示意图来，请占用红线内道路的村民，让出占用道路。动真格的，不是商议，是要求，并且给出自清腾时间，过了期限，"两委"就组织人力车辆集中清除。这与原村"两委"不一样，新"两委"每干一件事都有规划、有目标、有措施、见行动，说过的话一定兑现，没有折扣，并且提出的都是村民期盼的大事。

告示贴出不久，没有动员，也没有强制，沿街居住村民悄然响应"两委"决定，积极支持，主动让地。村民没有去上访、告状，没有人理论，也没有对抗，都在默默地配合。在"两委"限定清理时间之前，乱堆乱放的杂物清理了，道路也宽阔了。"两委"成员感受到了村民通情达理、大局为重的优秀品质又回来了。丁万里回忆说，看到这种情景，直觉得心里很暖。

丁家垅村人那种团结友善、互帮互助的良好民风又来了。贫穷落后从来就不是人们想要的。他们在经历了很长时间的纠结、焦虑之后，思想觉悟了：争来争去，解决不了任何问题，而且是两败俱伤，没有赢家，最终伤害的是自己。

这是丁雪龙、丁卫东没有想到的。最初，他们想出几个预案，如果有人家不配合、闹事、上访怎么办？自从告示贴在街墙上那天起，沿街村民没人提出疑问，也没有人拒绝配合。古老村落文明、纯朴、通情达理之风又回到了丁家垅。对此丁雪龙、丁卫东先是惊愕，而后是惊喜。丁家垅村要改变，不是一两个人在战斗，众人拾柴火焰高，丁家垅全体村民加入了建设社会主义新农村运动中来。丁家垅村人的变化，上级感觉到了，邻村人感觉到了：上访人少了，投入丁家垅村建设的人多了。听到外村人议论，丁家垅村人自豪地说："这只是开始。"

村民的信任来自村干部们说到做到、不放空炮的扎实工作作风。行动是最好的动员令，不用大会小会喷唾沫星儿，也不用广播大喇叭天天讲政策，讲好处。村干部扒心扒肺地为村里工作劲头换来了村民的掌声，他们是真心带领村民走上奔小康路，有些心中有怨气的也淡了，慢慢融化了。

村民高涨的热情让丁雪龙、丁卫东心存感动。善良的村民啊，你给他一缸水，他会还你一条河。接下来就是"两委"成员的行动。

决策好下，行动起来则是万般艰难。

丁雪龙开车去了株洲，去见从攸县常务副县长位置调任市统计局局长的丁润高。丁润高是靠自己努力走上领导岗位的丁家垅村农家子弟。当年他曾想通过县上扶贫项目帮助村里摘下贫困帽子，为生养他的家乡做些力所能及的贡献。也是因为修路，派去的部门领导扫兴而归，满腔热情被一瓢冷水浇透了心。他下决心从此不再过问丁家垅村的任何事情。

说是说，丁雪龙来了，他还是热情接待的，他们平日里也有交往。丁润高对丁雪龙印象不错，是个诚实、人品好的兄弟。丁雪龙从没有找丁润高办过私事。丁雪龙说，领导事情多，别给他添麻烦了。就这一句话，丁润高对他刮目相看。

说过绝不管丁家垅任何事情的丁润高，心里还是放不下他出生的这块热土。他深知丁家垅村"两委"选举的过程，也知道丁雪龙担任了村支书。丁雪龙来找他，说向他汇报村里的事。丁润高乐了："村里的事向镇党委汇报，我可管不了村里的事儿。"

丁雪龙也笑了："你是丁家垅走出来的人，不让你知道还行？"

"说说你的想法吧。"丁润高说。

"丁家垅是省级贫困村，我和卫东说，帽子戴上了，在咱这届任上得把它摘下来，贫困不光荣。"丁雪龙沉思一会儿说。

丁润高盯着眼前这位同村、同姓、同辈分的兄弟。许多年了，这是他听到的最暖心、最有骨气的一句话。现在，他工作在厅（局）级官位上，也想为村里做些力所能及的事情。他试探地说："兄弟啊，这个帽子不好摘，难度太大。"

丁雪龙说了村民心路的变化。原来是领着村民改变，现在是村民支持村干部、推着村干部改变。村民让道一事让他工作起来更有信心。他说，患得患失什么也不能干。

丁雪龙告诉丁润高，村里党员干部开了多次会，合力正在形成。这次来找他，是想整合丁家垅村在外面工作或是打工的人，他们的思想影响着丁家垅村里家人的行为，是丁家垅村发展的不可小觑的力量。丁家垅村要快速发展，也离不开这些在外地工作的丁家垅村人。这些人常年在外，经历多、眼界宽、又有浓烈的故土情节，他们在嫡亲族群里地位较高。家人信任，说话就有分量。他们也是消除派系、化解纠纷和矛盾的主力。村里的事情千头万绪，都要费心劳神，他不想受外界制约干扰。这也是一句大实话。

丁家垅村在外地工作的人，大都集中在湖南省长沙、株洲市和广东的深圳等一些地区，召集人不是他一个村支书所能办到的。

"所以，"丁雪龙说："我想见见在外地的乡亲，汇报汇报村里变化，让他们理解、支持我们的想法和做法，才会为丁家垅村发展建言献策。"

丁雪龙发现一个问题，在外地的丁家垅村人对他到访很热情，但一说到村里的事情就都是躲躲闪闪。他突然意识到，现在还有一个重要任务要做：安定民心。

民心没有稳定下来，村里工作怎么开展？丁家垅村在外工作的人的思想问题先要解决，村里大事小情都会影响他们心情，而他们的意见也会左右村里亲人思想。这是割舍不掉的亲情、乡情。这些在外的乡亲，对丁家垅村人的印象还是原来的印象，留在村里的村民在悄然变化，散在外乡的丁家垅村也要跟上步伐。他们要做的、能做的是与家乡人步调一致，走共同发展的富裕道路。

丁雪龙要做的第一件事，就是把在长沙、湘潭、醴陵、株洲等地的丁家垅村人集中起来，开个同乡会，由他向大家汇报新的村"两委"正在干的和准备干的事情，请大家给出些主意。这事只有恳请丁润高出面才有说服力。丁雪龙说："把丁家垅村人分散的心聚起来是第一步，人心齐泰山移嘛。"

丁润高支持他的想法，利用自己在株洲工作的有利条件，很快就把分散全省各地工作的丁家垅村人召集起来。乡亲见了丁雪龙，听了他对丁家垅村未来发展的汇报，无论是站在哪派的村民亲属心里的冰块也被他的真诚融化了。之前，他们对新班子的印象大都来自家里，有些想法就很偏激。现在，他们改变了看法：新班子是无私的、干实事的，一上任就扎扎实实做了几件了不起的事。大家对丁雪龙很认可，也很热情，提出许多合理化建议。这些建议很中肯，丁雪龙说，回去之后，和"两委"班子消化消化。

丁家坱村人株洲同乡会开得成功。丁雪龙又有新想法了。他给丁卫东打电话，让丁卫东别等他的走访结果，立即着手勘测街道面积，做好预算，要准确，就按柏油马路的方式规划实施。

这是个大胆的行动，所有听到这个消息的人都瞪大了眼睛。这就是丁雪龙，他作出的决定常常超出人们的预料，但最终都是化腐朽为神奇。现在我们回过头看丁雪龙当年看似不靠谱的决定，如果不是当年他一以贯之，而是前怕狼后怕虎，还会有今天快速发展的丁家坱村吗？

当丁雪龙出现在深圳时，丁家坱村人很感动，他们听到来自家乡村"两委"的声音，也感受到了家乡村干部的暖暖诚意。

丁雪龙在株洲、深圳两地的丁家坱村人集中地区，搞起汇报式的同乡会，通过他们说服动员家人支持村里工作，收到了立竿见影效果。村里两派间的对立情绪减弱并渐渐淡化与消失，大家都懂得，消除对立情绪，一定要直接面对过去。

本是同村生，哪里会有隔夜之愁？

村里工作因为民心顺，处处顺畅了。

丁雪龙的醉翁之意，不是仅仅见见面让大家理解他们工作，而是让丁家坱村在外工作的人支持他的改造村环境方案。修路最先进入大家议题，也是呼声最高的。

丁润高是丁雪龙改造方案的坚定支持者。有了丁润高做"高参"，避免了走很多弯路。

丁润高主动问道："硬化村里路得多少钱？"

丁雪龙说："计算过，县里拨款，还要自筹一部分。"

丁润高问："差多少？"

"用做水泥路的钱，这是上级的拨款，还需再追加 4 倍费用铺柏油路。"丁雪龙解释道："水泥路用不上几年又会压烂。我寻思，做就做最好的，这才是长远之计。"

丁润高瞪大了眼睛，自己在政府部门干了几十年，还没听说株洲哪个村子上柏油路呢！想都不敢想，丁雪龙却坚持上柏油路项目。看他一脸认真的样子，是铁了心要上柏油路了。

丁润高："好你个雪龙，还真敢想。钱从哪来？"

丁雪龙认真地说："县里拨给硬化路的钱，一部分资金已经到位了，大部分得自筹才行。"

丁雪龙太大胆，经费还没有落地，就敢走下一步？时隔数年我去丁家垅采访时，还有村民为丁雪龙当年的决定捏一把汗呢。我认为这正是丁雪龙的可爱之处，别人口中的大胆，其实是来自他深思熟虑的结果。丁雪龙不是一介莽夫，他在商场上也是摸爬滚打许多年，当断不断做不成任何一件事。当上级确定并下拨了修水泥路面的款项后，他没有按常理按部就班，而是把目光看得更远一些，5年、10年后水泥路会发生变化：起鼓、裂痕等，那时还要花费大量的人力、财力重修。他以生意人的精明眼界，看到了柏油路是一笔划算的投资，只是超资的预算还没有，还需要筹措这笔资金。在一片反对声中，他不为所动，坚持己见，并努力说服那些反对修柏油路的人。在后来，果然如一些人所料，修路资金断链了。陡然增加了他的心理压力。压力山大啊，他也怀疑过自己是不是真错了。在攸县甚至在株洲市域内还没有哪个村里修上柏油路。思前想后，他坚定了自己的主张。没人做不是不能做，认准了就是要干下去。虽然之后他先斩后奏的工作方式受到了批评，人们还是肯定了他的先见之明。现在，丁家垅村的柏油路是一条幸福路，成为丁家垅村人的骄傲。

这是后话。现在我们回到丁雪龙和丁润高对话上。

丁润高见丁雪龙决心很大，也想力所能及地助他一力。想了一会儿，他给丁雪龙出了个主意："化缘还是少不了的，不过，我想你应该去长沙见个人，会对你有帮助。"

丁雪龙眼睛一亮："你是说在省里工作的丁平征、郎艺珠老夫妻俩儿？论辈分我们应该叫他们爷爷奶奶呢。"

丁润高点头称是："这位奶奶曾在地级市和省厅任过职，还任过省政治协商会议常务委员，刚从省老科技工作者协会常务副会长岗位上退下来，她的人脉广，对株洲也熟悉，也许能帮忙出些主意。"

丁雪龙激动的心绪又落了下来："听人说过，老两口拒绝参与村里任何事情。"

丁润高笑道："早些年，谁也不敢蹚丁家垅的浑水，都怕给自己找不必的麻烦。你雪龙去就不一样了。"

丁润高没有郎艺珠的电话号码，周边人也没有联系方式，不过他告诉丁雪龙，中南大学有位教授是丁家垅人，跟丁平征侄儿是好朋友。

性急的丁雪龙离开株洲，径直去长沙找从丁家垅村走出的丁教授，丁教授爽快地答应了丁雪龙的要求：帮忙找到郎艺珠或丁平征的电话号码。丁雪龙不能等，他又回到村里。

此时，丁卫东正带人热火朝天地在村中修整路基，按照设计规划要把 3 米的路基扩宽到 8 米，路基一下子扩宽了近 1 倍。

丁雪龙还注意到另外一种久违的现象：各组村民自发地加入到修路队伍中来。曾经有过的丁家垅村人那种团结向上、抱团取暖的民俗民风又回来了。

丁雪龙心里很温暖，村民的热情来自感动，感动就会产生极大的热情。

村里修路工程遇到了困难。作为省级贫困村，国家拨给村路的改造费用，是有标准的，一个是水泥路，一个是不能超宽。丁雪龙不仅超宽了，还坚持上柏油路，这在全省没有先例。

"别人没干，我们为什么不能干？"丁雪龙坚持自己的观点，他的理由很简单，水泥硬化路后期维护成本很高，每年都要修修补补，综合费用并不少，而柏油路投资是一次性的，后期维修费用也很少。

观点你可以坚持，建路费用从哪来？

修路一度停滞不前了。随之而来的又是一些质疑声音。

有人质问丁雪龙，谁给你出的馊主意？

丁雪龙内心一缕悲凉。

不干没有人说你什么，干事总会有意想不到的问题出现。丁雪龙内心是纠结的、痛苦的，思想在干和不干之间徘徊多日。看到外边热火朝天的场面，现实没有给他和"两委"成员后退的机会。不干是不可能的，开弓没有回头箭。他知道"两委"成员同样承受着舆论的压力。

时任妇女主任黄子平回忆说："雪龙书记压力太大了，许多村民不理解他。我们讨论许多次，认可他的方案。他站在了村里发展的高度，着眼未来，我们'两委'成员坚定站在一起，支持协助他工作。"

丁雪龙感谢他们的支持，尤其是村委会主任丁卫东无怨无悔地天天风里来雨里去，承受的压力一点不比他少。

受了委屈，躺下不干，不是丁雪龙的做事风格。分析修路工程中的困难，他找到了必须完成的理由。他们正在做前无古人的事情，这不是胆大盲目，是深思熟虑的举措。他看到党和政府减少农村贫困人口的决心，作为村干部必须砥砺前行。稳妥走下去，丁家垅村人的路会越走越宽。

丁雪龙后来告诉我，这只是质疑的声音，他没有想到3年后还会有10多次审计检查在等待着他。他心中虽有抱怨，又想到回村工作是自己的选择，心便释然了。

第 6 章 转折

上篇 一位老人的故事

一位老人的出现，解开了丁家垯村发展瓶颈上的绳索。

丁家垯街道平整工程如火如荼地展开，并正由原来的 3 米路基向 8 米扩宽。对丁家垯村村民来说，这是个史无前例的伟大工程，之前没有过，之后也难遇到。

丁家垯村修柏油路了！这个信息像长了翅膀飞到邻村。大家不相信，丁家垯要修柏油路，这可能吗？讥笑的、怀疑的、赞许的声音纷纷传出来。能，为什么不能！丁家垯村村民则是翘首期盼，丁家垯村人也要扬眉吐气一回。人心所向，定能移山填海。不蒸馒头争口气，丁家垯村人热情高涨，投入到修路的伟大工程中来了。

以美好的愿望开始，还要有华丽转身的结果。这是丁雪龙的期待，也是丁家垯村人的期待。

国家下拨的硬化路资金还没有全额拨到位，原来期待的民间贷款又出了变故，铺设沥青资金现在也没了着落。去年建水利设施和电路改造还有一部分钱是借的，借钱是要还的，有的钱是以丁雪龙个人信用做担保，几十万元他可以承受，而铺柏油路动辄上百万元。工程总指挥丁卫东来问丁雪龙，工程还要继续吗？丁雪龙告诉他，工程不能停下来，停下来很容易半途而废，对村民刚刚树立起的自信是一种比无情还残酷的打击，不停的话，每天需要资金支撑。两位村工作负责人比谁都清楚，开弓不能有回头箭，不管多难都要走下去。

两人来到工地，天正下着细雨，施工人员身上衣服淋透了，却没有一个人放下手中的工具去躲避。施工人员大部分是本村村民，见两位村主官来到现场纷纷跟他们打招呼。丁卫东说，村民干劲可大了，他们看村干部动真格的，心里很是感动，也很敬佩。许多年了，为这条破烂不堪的水泥道呼吁多次也没有结果，现在却是在修全县第一条村级柏油路。丁家垅村人创造过的许多个全县第一的荣誉感又回来了。村民不再观望，主动甚至不计报酬地加入到施工人群中来。他们想法很简单，盼望早些时日修建成丁家垅村中这条给他们长脸的幸福路。

村民哪里会想到村干部目前的困境？柏油路地基动起来了，原来商量好的贷款资金却出现变故，这事怎么能让村民知道呢？心中苦与忧，只能埋在自己心底下；多重的担子，必须自己担起来。

这回丁雪龙终于知道了天也有绝人之路的时候。公正地说，县里明确表示支持，水泥硬化路专项资金已部分下拨了。是他丁书记不按套路出牌，超过县里立项资金部分，由村里自行解决。

"一个贫困村，给钱修水泥路就不错了，异想天开修什么柏油路！"

"修柏油路一大笔资金，从哪里来？"

"丁书记是不是发烧了，不计后果？"

这是一种善意的提醒，因为正在做道路地基施工，改弦易辙还来得及。丁雪龙说不，做出的规划泼出去的水，不能遇到困难就缩头，不能给村民满腔热忱的干劲泼冷水。党在基层的干部必须是言必行、行必果，说出的话，掷地有声，群众才心甘情愿跟你往前走。

丁雪龙坚持修建柏油路，反复强调这是一劳永逸的富民工程。坚定地站在他一边的是村"两委"成员，只有他们知道修建柏油路陷入资金短缺的困境，也能理解两位村工作负责人改造丁家垅村环境的急切心情。

现在，丁雪龙前面没有路了。他也开始怀疑自己的步子是不是迈大了？

是大了，不是一星半点的大，而是大的令自己怀疑人生。

转眼到了2015年春末，雨水哩哩拉拉几天不开晴。这个春天很反常，总是下雨。

丁雪龙的父亲来和他商量"清明"扫墓的事情。

扫墓？丁雪龙一下子想到了丁平征、郎艺珠夫妇。2014年年底，他去中南大学找过丁新华教授，至今他也没拿到老夫妇的电话号码。没拿到总有原因，他没有细问。以他的性格，即便拿到了，不熟悉也不能冒失联系。

对于退休老人，丁雪龙没有计划让爷爷奶奶做什么，但他们社会阅历丰富，多听听他们的意见，总会有益处的。许多年了，两位老人从不主动与丁家坨村人联系，原因不说自明。在外的丁家坨村人大多怀有家乡情节，两派纷争时，谁都不愿陷入是非泥潭。丁雪龙上任这两年，联系上了大部分在外乡工作的丁家坨人，唯独与两位老人一直无缘谋面。

清明？这个字眼跳跃在脑际里再没有离开。村里人告诉丁雪龙，每年"清明"前后，两位老人一定会出现在丁家坨村老头岭，为丁平征逝去多年的父母扫墓。

何不抓住这个机会见见两位老人呢？他这样想道。

谁也把握不准他们什么时候来，又什么时候走。坟地在村外，老夫妇祭拜完后开车返回省城，不路过村子，这十几年他们一直如此。很多村民见过他们，他们只是打声招呼，从未进村里停留过。

丁雪龙去找老支书丁礼贤询问情况。老支书告诉他，两位老人每年扫墓的时间很有规律，"清明"这天一准儿来扫墓，几乎是上午来上午走，从不进村，直接返城。

丁雪龙翻看日历，还有不到一周就是清明节。他对老书记说，这几天他参加县里组织的新农村现场会不在村里，请老书记帮助完成接待两位老人的任务：提前在村外等他们，一定请他们进村看看丁家坨的变化，至少要留下他们的电话号码和地址。

老书记在任时找过他们，那时他们已经退休。丁平征老两口很热情，还邀他到家里吃顿饭，不过，一说到村里情况，他们从不插言，只是静静地听着。

见过面，却没有真正交流过，这是老书记对丁平征老夫妇的印象。

丁雪龙拜托给老书记的任务，老书记满口答应下来。

老书记很认真，提前几天守在村外路口。

丁雪龙早出晚归，一直挂念这件事。

"清明"这天，两位老人果然带着子女出现在村外路口。遇见老书记，简单地寒暄了几句，径直拐到山坡去扫墓。

老书记有任务在身，等在村外路口。见他们从山坡下来，一定请他们来村委会坐坐。郎艺珠推辞说还要赶回长沙，有些事情要处理，不肯进村。

老支书见是晌午，次而求之，在离村不远处的国道旁餐馆吃顿饭，郎艺珠见实在推辞不掉，便答应下来。吃饭很简单，聊天内容只限天南地北。说到村里时，老书记说新书记丁雪龙去外村开现场会，渴望见见两位老人，征求对村里发展建议，无奈脱不了身，让他代表村"两委"表示谢意。

郎艺珠委婉谢绝了新书记的美意，说自己对村里情况不了解，不便发表意见。正可谓是"经目之事犹恐未真，背后之言岂能全信"。但老书记最终还是从丁平征那里要到了联系方式。

丁雪龙回村时，老人一家已经离开了丁家垅村。丁雪龙理解两位老人的心情，同村、同族低头不见抬头见，而且都是鸡毛蒜皮的小事，哪有大是大非原则问题？回避是最好的方式。

主村内事务的丁卫东工程进展顺利，路基从3米宽向8米宽扩展工程近半。村民也很配合，占用路基的临建房屋被拆掉了，堆放的杂物也清理走了。而主对外联络的丁雪龙化缘却十分艰难，他天天在市、县、镇之间穿梭。施工款项虽有进展，但仍不足以支撑全部柏油路铺设。

村道通向村外扩路施工还在进行，主道伸进各组的支道，已被村委会划分给了村民小组，分片包干。

到了2015年9月，道路基础施工已近尾声，硬化路工程款也落实下来了。有人提出，有多少钱干多少事，先把村道硬化了再说。丁雪龙不同意，村道来往车辆多，用不了几年又会变成以前的样子，他坚持上柏油路的决心没变。

修路势在必行，要修路，就是要修最好的柏油路。每次丁雪龙站在进村必经的白龙江上小桥上时，都会在内心里发出这样的声音。

旧时，江两岸人们往来，都要坐小船摆渡。清同治年间，丁家垅设立吉仙义渡、孟家江渡两个渡口，吉仙义渡是丁氏先人丁吉仙建立的，渡口建在㴔河东西两岸。有了义渡，小孩上学，大人到对岸种田方便多了。但是江水上涨，渡船要停渡，生活多有不便。丁吉仙为人们出行方便，曾修木桥一座，后人称吉仙木桥。由于洪水冲击，木桥很不牢固，几毁几建，民国时期被冲毁后就没有再兴建。

"1990年，全体村民集资筹工，村民每人出谷35斤，在外工作的丁启初、丁宗娥等145人捐资，共筹10余万元，修建了一座公路桥，属钢筋水泥结构平板桥：7孔8墩，宽4.1米，长78米。如今桥面的围栏和路面水泥硬化了，连接上了两端的水泥公路。"

他发自内心地感激丁启初、丁宗娥这些心系故乡的丁家垅人。他没理由不干好，干就干出个美丽乡村来。

丁家垅村已经有了让外人看到的变化。

丁家垅村"两委"上任一年时间，做了几件得民心的大事。人心变了，民和万事兴。但压在丁雪龙心上的3件大事还没有落实，这是他对村民的承诺，承诺了就要兑现。而现在第一件大事修路就出师不利，处于等工待料的窘境，这让他寝食不安。

丁雪龙决定去长沙见见丁平征、郎艺珠夫妇，听听他们对村里的发展意见。

丁雪龙约村委会主任丁卫东一块进省城，去见20世纪50年代从丁家垅村走进北京读大学、后在省政府业务部门任职的丁平征和他的妻子郎艺珠。丁雪龙说："见爷爷奶奶不是求他们为村里办事情，他们经历多、见识广，只求能帮我们出出点子。"

丁家垅村支书第一次叩响了老夫妇在长沙的屋门，两位老人热情接待村里来的乡亲。但两位老人有约定：只听，不发表意见。因为那些年、那些人、那些事，他们听说过，也见识过，虽是同村、同族、同姓却不能同语。

两位老人有自己的工作，也有自己的行为准则。

两位老人并不熟悉这两位丁家垅村的负责人。来的都是客，又是老家来的客，热情接待是必需的。聆听长者的教诲，就要把建设社会主义新农村的丁家垅的蓝图展开。两位老人认真倾听丁雪龙对村里规划，比如道路建设，白龙江治理，丁家垅完小改造，文化广场建设，百亩荷塘开发畅想……

村上的事说不清理还乱,不想参与纷争。丁平征的母亲在世时,丁平征夫妇一年总会有几次回村探望。那时风气尚好,闲时与左邻右舍交谈些诸如收成、子女教育等等。母亲过世后,接着村里民风出现了问题。随后村民上访成风,渐渐形成两派,多年和睦的邻里关系紧张了,而且越演越烈。村民不团结,他们索性不再回村。

丁雪龙知道两位老人的想法,所以此行并不想增加他们的心理负担。他们谈的是丁家垅的发展、丁家垅的未来,这番诚意两位老人是不好拒绝的。

丁雪龙说话时,信心满满,意气飞扬。他心中丁家垅的未来和展望,在两位老人眼前慢慢展开了一幅崭新的美丽乡村图画。这不就是他们多年所思所想的吗?

丁雪龙和丁卫东离开时,两位老人虽没有提出自己的意见,还是肯定了这个美好的规划,并建议他们多听听村民心声。

丁雪龙、丁卫东第二次来到长沙拜见两位老人时,带来的是关于村里柏油路的修建规划、白龙江治理规划和村里97户贫困家庭脱贫计划。

两位老人还是静静地听完丁雪龙讲述规划内容以及实施具体方案,但心中的坚守已经敞开了一道缝隙。他们开始询问那些不利于村"两委"的传言。

"丁雪龙、丁卫东他们瞎折腾,修路是为自己捞钱。"

"县交通局至今没有批准柏油路项目,理由是全县范围内有村道比丁家垅村道还坏的。"

"要修白龙江河堤也是一厢情愿。历史上它就发洪水,没有能力去修,就这两人异想天开。"

这些流言势必影响了两位老人的心情。

丁雪龙他们走后,丁平征说:"这些传言未必是真的,我认为有些夸大其词。"

郎艺珠平静地说:"不看其言观其行,我们还是多听、多看,不表态就是了。"

俗话说得好,"刨树要刨根。"两位老人的意见是一致的。

丁平征先是不解:"这两个年轻人,在城里做生意顺风顺水,回到一个贫困村工作，哪里是捞钱呢？"

郎艺珠也注意到了丁家垅村的变化，说闲话的少了，也没人闹事，更没人上访。回味丁雪龙、丁卫东的两次拜访，讲的是丁家垅未来的宏伟蓝图，说的是村民衣食冷暖，从没有说自己，也没有背后说人是非曲直。这两个年轻人确实不一样，心中装的是丁家垅村长远和未来。

很快，他们看见株洲市党报上关于丁家垅村变化的文章，《株洲日报》这样写道：

"有了新的带头人，党员在看，群众在盼。丁雪龙二话不说，带领领导班子成员，一心扑在田间里。他们从城乡同治入手，了解村里情况，一面加强农田水利设施改造、拓宽村路，一面深入各家各户唠家常，摸清情况。他们从调解矛盾着眼，赢得村民的信任。一面找问题根源，破派系藩篱；一面调节村民土地纠纷，化解多年积怨。他们从解民困破难题，打通服务的最后一公里。"

党报以肯定的语言讲述丁家垅村的变化：是党的干部发挥了模范带动作用。党风在转变，民风在好转。这篇文章提到了村支部书记丁雪龙和他们一班人的带动作用。

丁雪龙、丁卫东第三次去长沙叩响两位老人家门时，丁家垅村村里修改村道工程正热火朝天地进行。两位老人不再沉默，一改只是静听而不发表意见的惯例，敞开心扉与丁雪龙交流思想。

郎艺珠突然问道："村里的道路一定要修吗？道路已经动工了，而且是修柏油路，资金缺口大怎么解决？"

丁雪龙告诉她，县里批准修建水泥马路的资金有了着落，修柏油路的资金缺口将通过民间借贷补足。

"民间借贷有把握吗？如何归还？"

这一次，他们对村里事情还是未表态，但认真地在倾听，不时插问几句。郎艺珠担任过省里厅（局）领导干部，长期的行政管理工作，养成了不经过调查研究，不做任何决策的优良作风。她不时地在笔记本里飞快地记录着，同时还在记录完毕后，皱起眉头，反问几句："为什么？"

这是一笔不菲的资金。丁雪龙走后，两位老人去找人了解村道改造的真实情况。村里的道路被来往车辆压坏了路基，实在走不了车。村里路又坏又窄，相向会车都困难，影响了村民生活，也影响了他们的心绪，所以才会出现村民拦阻公交车的事件。村民的理由是公共汽车压坏了路，你交通局就该给修。村里向县上报告，县上拨下来是修修补补的钱，对村道大修实在为难。交通局长干脆告诉说，像丁家坨村这种情况全县还有十多个，有的村道甚至不如丁家坨村的道呢。支持是必需的，但县财政紧张，拿不出超计划的资金。

丁家坨村"两委"一班人是想干事、能干事的有志者，这非常好，但是动用这么大资金，风险也很大。有规划，也要有落实规划的多个预案。郎艺珠感觉丁雪龙他们缺乏办事的组织程序和组织原则，操之过急了。也许这就是年轻人的做事风格，敢想敢干，做起来再说。还别说，她还真是欣赏丁雪龙、丁卫东他们雷厉风行的工作作风。他们就是想为百姓谋福祉，多做一些实实在在的事情，而且要做好，不求名留千古，但愿无愧于心。

仅凭这一条，她就没理由不支持他们。

当丁雪龙、丁卫东第五次叩响两位老人家门铃时，他们之间不再陌生。这时，丁家坨修路工程资金已用尽，贷款还没着落。丁雪龙天天往市里、县里跑，求得尽早破局。

如果说丁家坨村修建柏油路因资金短缺是当务之急的话，修整泛滥的白龙江也是紧迫问题。种地不打粮，让农民辛苦劳作半年的努力付之东流，挫伤农民种田的积极性，这也是件大事要解决。

白龙江不长，称它为一条大河也不过分。虽没多大名气，但它所处地理位置决定了它的重要作用。它是攸水第二级支流，流经4个乡（镇）两岸4万亩土地。大多时候，白龙江老实温顺，平缓地流淌着。两岸绿树成荫，野鸟成群，一片祥和景象。春末，是湘东雨季，经常是细雨连绵下个不停。10村4镇的雨水汇积成流，顺江而下。这时的白龙江不再有温顺的"好脾气"。江水快速暴长，上游轻松了，下游的丁家坨村就遭了殃。多年来，临江的丁家坨村村民田地被洪水掠过，掠过洪水的田地几乎没有收成。发洪水不是年年，确是多年会有一次。有一年，洪水太大了，淹没了200多亩良田。

丁家坨正在筹划另外一项工程：白龙江河堤的修缮加固。显然，改造白龙江不是丁家垅一村能够有所作为的，应该上报到株洲市政府、湖南省政府进行专项解决。

丁雪龙在说前两件事情时，就让两位老人有了心急如焚的焦虑，而说到有那么多户村民大病致贫，则让他们震惊了。必须尽快找出成因，采取措施应对，制止贫困漫延。贫困、拮据，永远不是人们想要的。在疾病面前，没有胜利者。

他们再也没有理由保持沉默了。

这是个隐性问题，村民们担心不幸落在自己家庭上。疾病是个看不见、也无法预测的"杀人犯"，对村人生命是个严重威胁。

什么原因？

丁家垅村地处攸县中部平原，应该说，这里地势平坦，土地肥沃，适合人居之地。这些年却在人们不经意时出现让人惊愕的重症：癌症、尿毒症。谁都知道，癌症几乎是不可逆转的重大疾病。而丁家垅村重症病人连续几年出现高发，并向年轻人快速漫延。很快，大病致贫的村民就成为村中贫困户。

说到丁家垅村贫困户致贫原因时，丁雪龙说，大都是因病致贫。这些村民患的都是重症：尿毒症、白血病、癌症，早年间很少听说有人得这些病，这些年重病快速上升，而且魔爪伸向了年轻人。仅 2006 年到 2014 年，丁家垅村尿毒症死亡了 100 多人，其中一些是三四十岁的年轻人。而且，这种态势还在扩大。

郎艺珠主动问话了："那么多病人，什么原因查出来没有？"

丁雪龙摇摇头："查了，原因不明。"

因为不知病因，有关部门要求村里保守信息，不得外传，防止村民情绪过激。

一连数日，这位老共产党人夜不能寐。怎么会有这么高比例的癌症患者？是不是丁雪龙夸大其词呢？

修道势在必行，丁家垅村没有退路。

江堤也该修，群众利益至上。

数日后，郎艺珠突然打电话来："雪龙书记，我想去村里看看。"

这是郎艺珠第一次主动提出来丁家垅村，是村民们来路不明的疾病让她内心不安。她是化工专家。她知道，一旦某地村民健康出现异常现象，不外乎空气、土壤、水出了问题。丁家垅村虽拥有丘陵，房屋、饮水、耕种土地却在平原河谷低凹处。她是个心地善良的老人，她想到的是那些因病致贫的家庭以后怎样生活，还有那些常年生活在这里村民的健康问题。她忘掉了自己不参与丁家垅村任何事情的诺言。在面对村民疾苦时，她选择改变自己的诺言。她想去重病发生地丁家垅村走走，看看那里到底发生了什么。

她对丁雪龙说："我们想去丁家垅村住两天。"

接两位老人的汽车停在了村口。展现在眼前的是一条工工整整的村道路基通向前方，路面上还有施工人员和机械在作业。两位老人真是被感动了，这些年轻人所做一切不是为自己啊！面对现实，那些灌在耳朵里的流言被彻底击溃了。

丁家垅村村级道路改造工程热火朝天地在进行，原来的3米宽泥泞不堪土路被拓宽到了8米。

"国家硬化村里道路资金拨下来了吗?"郎艺珠开口问道。

"批复了，资金到位了。"丁雪龙如实回答。

"还有多大缺口?"

"300多万吧。"

"村路水泥沙石硬化有政府投入，增加柏油路要这么大资金?"郎艺珠审视的目光盯着丁雪龙，期待从他表情里看出端倪来。

"我坚持上柏油路，是做了反复核算的，硬化路后期维护费用很大，不如上柏油马路，一次投资，终身受益。"

郎艺珠沉思了一会儿说："上面批的是水泥硬化路，未经上级批准，你修改规划，当然上柏油路的资金不能落实了。你说柏油路比水泥路维修费用少，有科学依据吗?"

见老人这么问，丁雪龙拿出专家给出的分析报告。

丁雪龙说："丁家垅村是省级贫困村，市里有专项拨款，您帮我们反映一下情况吧。"

郎艺珠没有回应，每年"清明"他们进入丁家垅村这条村级路时，都会感受到路面确实太旧了，坑坑洼洼。应该修，但一定要修柏油路吗?

接受我采访时，丁雪龙回忆说："起初只是想请奶奶协调一下各方关系，没想到她事无巨细地关心村里的脱贫与发展。哪些事情怎么做，哪些事情不能违背政策和损害群众利益，她经常关心过问。奶奶每次来村里都直接去看项目，与村民沟通，寻找精准脱贫良方。"

走到一家因病致贫村民家中，看着空空四壁，看着那些伸向她枯萎的手，无助的眼神，针一样刺痛她的心。这里的情景比丁雪龙汇报的还要严重。重病还在村民间发生，一刻都没有停止。她怎能无动于衷？她流泪了，但凭一己之力，她又能为丁家垅村人做些什么呢？倾其所有，也不过是杯水之薪，不能从根本上解决问题，即便解决了眼下，那以后呢？丁家垅村要改变现状，就是要让上级关注这个古老村落发生了些什么。当下，是找到致病成因，阻挡继续摧残村民身体的病源，采取有力措施改善人们生活环境。要在政府的帮助下，增强丁家垅村人的自身造血功能。

中篇　市长的"立即"

初夏，有"四大火炉"之称的长沙已进入一年的高温季，往年休假时，郎艺珠会回到北京郊区的老家。如今北京郊区农村早已被高楼大厦覆盖，父母的老宅拆迁后家里也有了宽敞住处。弟弟一遍遍催她北上，她却没这个心思。在丁家垅村看到的、听到的，内心掀起巨大波澜。这个老共产党人，一连数日寝食不安，村民修路的高涨热情，病人无助的眼神，定格在她的脑海里，久久不能散去。她的退休金有限，个人能力无助于丁家垅村人走共同富裕之路。她一直在想办法，但所有办法都无足轻重，都不是某一个人所能办到的。

一个人出现在脑海里，她想到了曾在一起工作过的同事毛腾飞。

当时毛腾飞已调株洲市人民政府任市长，丁家垅村所在的攸县归株洲市管辖。她和毛市长平日没有过多联系，逢年过节多是信息问候一下。她退下来后就更不愿意打扰在岗位上的同事、熟人，不能干扰他们的工作。

丁家垅村面临的种种困难，不是她一个退休老人能解决得了的。拿起手机又放下，她不想给别人添麻烦。犹豫几天后，她还是拿起手机，决定把丁家垅村村民的困难和问题反映给毛市长。

夜深了，打电话不礼貌，她改用短信发给毛市长，大致介绍了一下省级贫困村丁家垅村目前的困境：

一条江河发怒时，农民土地颗粒无收。

一条坎坷不平村道，影响了村民与外界的沟通。

一方可能是被污染了的土地上，让许多村民因病致贫、生活无助。

毛腾飞市长见到这条消息，一定是很震惊的。换位思考，丁家垅村的问题，不是一个地市级领导必须知道，或是一定能知道的。他的辖区有很多县（区）、上百个乡（镇）、上千个村庄，他真不了解攸县丁家垅村。但这位在同事中有着很好口碑的老大姐多年来从未因为私事找过他，甚至不曾有一封书信、一个电话，这是老一辈领导的美德。老大姐的短信不长，却反映出他辖区里有个叫丁家垅的贫困村庄，存在急需解决的问题。这是人民政府的责任，责无旁贷。

很快，他给郎艺珠回了信息。信息很简约："老大姐，信息收到，我立即着手调查。"

现任中共株洲市委书记、时任株洲市长的毛腾飞所说的"立即"就是马上拿起电话，指示市人民政府李余粮副秘书长带队奔赴攸县丁家垅村。

李余粮没有应付，也没有拖延，按照毛市长指示精神，在2016年9月8日这天，带领株洲市水务局长、公路局长、农业委员会总工并会同攸县人民政府、新市镇人民政府有关部门领导一同来到丁家垅村现场办公。

这一天，是丁家垅村人的节日。好长时间丁家垅村没有来过这么多领导了。

这时，丁家垅所在的大同桥镇不久前撤销，归制新市镇。没有寒暄，也没有应酬，大家坐在一起。

关于会议的讨论、争论焦点，不再叙述了。我在丁家垅村党支部见到了调研形成的会议纪要。不仅是我，所有关注丁家垅村的人，一致认为，这个纪要是把丁家垅村推向美丽乡村最重要的一步，丁家垅村人视它为纲领性文件。而在大多数政府官员印象中，似乎市政府专为一村形成纪要还是第一次。好在不长，允许我抄录如下：

关于丁家垅村精准扶贫有关工作座谈会会议纪要

2016年9月8日，市政府副秘书长李余粮，率市公路局、市水务局、市交通局等市直相关单位负责人到丁家垅村指导调研精准扶贫工作，并就丁家垅村精准扶贫有关工作召开专题会议。会议由攸县县委常委、县委办公室主任吴爱清主持。县委办、县政府、县水利局、县交通局、县公路局等有关部门负责人及新市镇党政负责人、丁家垅村负责人参加了会议。会议听取了丁家垅村前期精准扶贫工作情况汇报，并就进一步做好丁家垅村精准扶贫工作进行了研究，现将会议的主要精神纪要如下：

会议认为2016年丁家垅村精准扶贫工作取得了丰硕成果。制定的扶贫计划稳步推进，丁家垅村"两委"及市、县扶贫工作队工作扎实，底子摸得清，计划稳步推，工作行动快，做好了大量的前期基础工作。丁家垅村精准扶贫工作，在各级党政领导的重视关怀下，来势很好。

会议指出，下一阶段丁家垅村的精准扶贫工作应重点在产业结构调整和基础设施建设两个方面上下工夫。全力实施"思想帮扶、产业帮扶、项目帮扶、资金帮扶、政策帮扶"五项工程，确保2016年摘掉省级贫困村帽子。会议还就丁家垅村精准扶贫工作有关问题进行了明确。

一、关于村主道建设方面。村主道建设由市政府副秘书长李余粮牵头协调。资金由株洲市公路局负责、株洲市政府副秘书长李余粮负责攸县项目配套资金；新市镇政府、攸县县政府各负责一部分。先由株洲市公路局垫资50万元，启动该主道建设。道路设计规划为6米宽水泥路面。

二、关于白龙江治理方面。由于白龙江河道既不属于二级河流治理项目也不属于中小河流治理项目，因此无法进行立项。株洲市水务局建议对白龙江进行局部修复，并承诺负责资金50万元。如以后政策放开可以立项，将优先给予立项。

三、关于安全饮水方面。为解决丁家垅村安全饮水问题，建议丁家垅接通县自来水公司管道，家家户户接通自来水。此项工作由攸县水利局负责。

原文如此，仅个别字句进行了改动，但不影响全文内容的表述。

纪要最后记录出席会议人员，他们是：李余粮、尹朝辉、邓锡华、吴爱清、左桐林、何再权、皮晓彬、杨建龙、袁峰、杨勇鹏、丁雪龙。

上述的许多人接受过我的采访，我将择需体现。

如果你以为这只是一份普普通通的纪要，那就错了。不管参加会议的人今在何处，他们都为今日省级"美丽乡村"的丁家垅村建设作出了贡献，他们的名字写进了丁家垅村人的历史中。任何人，只要他尽其所能，为丁家垅村付出的哪怕斤点贡献，丁家垅村人都会告诉他们的子孙，滴水之恩，铭刻在心。我从村史馆的墙上证实了这一点。

郎艺珠告诉我，她是身体有恙的老人，做不了具体事情，只能尽其所能，动动嘴、动动手指头。她说到毛腾飞时，心存感谢，评价他是办实事、体恤民情的好领导、好干部。

"他只告诉我收到了信息，会派人去调研。我也遇到了好多这样的领导，说说也就过去了。我能理解，领导干部很忙，不可能也做不到事事关切，亲自去处理。毛书记并没有应付我，而且很快派出市政府副秘书长李余粮同志带队亲自抓落实，一改层层批转文件作风，而是一竿子插到村里，解决具体问题，这让我很感动。应该说，前期丁雪龙他们做了大量的基础工作，做完这些才发现'无米下锅'，原来商谈的贷款泡汤了，资金没着落，工程已开始，他们才找到的我，请我指点迷津。"

说到这儿，郎艺珠老人笑了起来："我说，丁雪龙你烧香找错了门。我不在岗位上，能做什么呢？说心里话，我也佩服丁雪龙、丁卫东几个年轻人，放下自己生意不做，一心要回村带领大伙走富裕路，这很了不起。为了村里的发展，拉下脸皮去求人，他不为自己，心系全村人，我深受感动。就凭这点，我就配合他们做点力所能及的事情。情急之下，想起毛腾飞。他的批示，让丁雪龙他们前期努力改变丁家垅村面貌的决心成为现实。"

至此，困扰丁家垅村快速发展的瓶颈问题解了套。可以说，从这天起，丁家垅变成"美丽乡村"的攻坚战才是真正拉开了大幕。

这里不能不提及"纪要"中关于丁家垅村道路设计规划为 6 米宽，并由水泥路修成柏油路的事项。这是由攸县主管农业的周副县长具体负责的，他是个做事认真、用数字说话的领导者。周副县长没有马上作出表态，而是请有关部门进行科学论证："柏油路面一次性投资大。但 3 年后水泥路面的维修费用会大大增加，不断增加的维修成本，远大于柏油路面的一次性投资。"

这个论证本身是对丁家垯村铺柏油路面的肯定，也是对整个乡村硬化路方向提出的建设性意见，并且在丁家垯之后，又有一些有条件的村庄铺上了柏油路面。正是周副县长的调研结论，同时也坚定了大家对修建柏油路的信心。

下篇 团结的力量

在丁家垯村精准扶贫的道路中，我们感受到了党的阳光恩泽。一条黑亮的柏油路穿村而过，路不仅仅是路，它是丁家垯村人找回的久违的尊重，那消失的自信心又回到人们脸上。丁家垯村快速拉近与邻村之间发展的差距，就从这条柏油路开始了。

历史上，丁家垯村人曾创造了许多个攸县第一，村级修柏油路他们再一次拿到攸县第一，这是值得欢欣鼓舞的。

丁家垯村人拿出多年的积蓄，改造或重建农舍。那些破旧的老宅经不起岁月的侵蚀，脱落了墙皮，破碎了瓦砾，现在他们要建设与美丽乡村相适应的农舍，他们还要在村"两委"整齐划一的规划里整理房前屋后的宅田，栽上绿树，种上藤萝，修整河渠，铺设小路，还在每一面临街墙上，写上标语，还请画家们画上他们心中的图画。丁家垯村人心中古老的精神图腾是呼风唤雨的龙，村组是以龙为标记，如龙江、龙头、龙池等，这是美好的愿望，希望龙能保佑他们年年风调雨顺、五谷丰登。

丁家垯村"两委"还以这条柏油路为基准线，把臭水塘改造出村民业余生活休闲广场、交流场所，让村里人过上城里人才会有的幸福生活。这也是丁雪龙和他领导的村"两委"成员的理想与期待。

丁家垯村的变化让更多人欢欣鼓舞，当然也有人对他们的业绩有过质疑，我以为这不足为奇。毛主席说，任何一个人群，都会有左、中、右不同认识和理解。在丁雪龙领导村民从贫困村走向美丽乡村的路上，丁雪龙一次次接受调查和检查，上级政府没有因为他的政绩突出而包庇，每一次群众反映，都会派出工作组调查核实。这曾让丁雪龙心里很不平衡，甚至闹了情绪。镇党委王宜斌书记来了，他对丁雪龙说："知你委屈，为丁家坑村的发展，没早没晚地干，还是有人不理解，甚至冷言冷语，怀疑我们的工作目的，这也正常，只要我们走得正、行得稳，不用着急上火。没问题，我们可以告诉村民，有问题改就是了。"

镇党委书记这番话说得恳切认真。是啊，没问题还怕群众告你吗？镇党委书记并没有表示对他的同情，也没有询问他有哪些想法。王书记只是问："后悔自己的选择吗？"

"后悔？"丁雪龙毫不掩饰自己想法："后悔过，但我从未放弃。"

王书记又问："你做过损害集体利益的事情吗？"

丁雪龙面有难色说："王书记你是知道村里经济状况的，我的每一个脚印你都看得清。我从不会想占集体便宜，也从没有一丁点儿私心杂念。"

王书记笑道："脚是正的，你还怕鞋歪？政府下拨的每一笔项目资金都是珍贵的，是国家对农村精准扶贫的政策落实，理应受到上级主管部门的监督审查。至于群众说什么，我们也要理解，也应该倾听，倾听是对外界最好的回应。"

王书记的话让丁雪龙释然了："王书记你说到要害上了。我心里想，自己没白天没黑夜为村里忙碌工作，不图功劳还有苦劳，怎么还会有人打我小报告呢？说白了，还是希望村民能认可。"

王书记肯定丁雪龙这样想问题是对的，鼓励他说："这就对了。"

倏然想起一则故事。

一个旅行者，在一条大河旁见到了一位婆婆，正在为过河发愁。已经筋疲力尽的他，用尽全身气力，帮婆婆渡过了河。过河之后，婆婆什么也没有说，就匆匆地走了。

旅行者心里很不平衡，他甚至怀疑自己是否值得耗尽气力去帮助婆婆，因为她连"谢谢"两个字都没有得到。

几个小时后，就在旅行者累到寸步难行的时候，一个年轻人追上了他。年轻人说，谢谢你帮了我祖母，祖母嘱咐我带些食物来给你吃。说完，年轻人拿出干粮，并把胯下的马也送给了他。

所有的故事总会有一个答案，重要的是，在最终答案到来之前，你是否耐得住性子，守得稳初心。不必急着要生活给你所有的答案，有时候，你要拿出耐心等待。即便你向空谷喊话，也要等一会，才会听到那绵长的回音。

作家余秋雨也说过这样的话：因为你站在台上，突然成了公众人物，大家必须抬起头来仰望你，因此也取得随意评价你的权力。他们给你的成绩打分，但这些分数不属于你，属于他们。是你自己毫不犹豫地把自己交给了他们，这是被仰望的代价。

平心而论，丁雪龙不是完人，也不是圣人，有情绪也是平凡人可以有的。这些年 10 多次的审计，是他生命中经历过的对尊严的考验。很长一段日子，他内心是痛苦的，甚至无法穿越心中栅栏。很快，责任让他从这种近似沉沦的情绪中走出来。他一次次叩问自己：既然无愧于心，又有什么好懊恼的？

一次次检查回答了村民的疑惑：丁雪龙和他的团队经济上没问题。事情过去之后，一切清白。再回想，也不那么重要了。村民看到的还是那个匆匆来往忙碌的丁书记。

丁家垅村由后进一跃成为省、市、县级先进单位的变化引起新闻媒体的关注。照此发展，丁家垅用不了多久就会进入美丽乡村行列。但是来自前行路上，不同声音肯定会是村"两委"工作中的负担，村里领导作出的并实施的方案，村民有权问明白弄清楚，这是他们的权力。但在这些不同声音中，郎艺珠两位老人察觉到还有些派性的心理，这对丁家垅村来说是负能量。受思想局限，一些人还对过去的事情念念不忘，这是个心结，潜伏在记忆里，时不时跳出来，发表一些不利团结的言论。那段日子过去了，还不能放下呢？显然，这种声音是有害的，还要多沟通、多交流，达到建设一个和谐的、幸福的丁家垅村的目的。

两位老人建议丁雪龙召开一次党员扩大会议，人员扩大到村民小组组长，请来镇党委书记讲形势、讲大局、讲团结、讲正气，讲党员的义务与对党员的要求；请来镇长讲新市镇的整体发展规划和丁家垅的具体发展设想；郎艺珠也讲了对丁家垅美好前景的期盼：只有团结一心，苦干实干，才能过上幸福生活。

会议是在村委会的会议室召开的。没人请假，都是如约而至。组织者没有说明会议详细内容，但入会者听懂了组织者的良苦用心。两个小时会场没人走动，没人吸烟，大家都仔细地听着、思考着丁家垅的未来，想想丁家垅村这几年的光景。

"我不是丁家垅村人，可我是丁家垅村的儿媳妇，这里就是我的第二故乡。我关注着这里的一草一木，我惦记着村上的每个人，我盼望着丁家垅村人富裕起来，大家都过上好日子。穷不可怕，可怕的是我们的心散了。人心一旦乱了，大家收入会受到不同程度影响，苦了谁呢？还不是我们自己！丁雪龙、丁卫东他们都是有抱负的人，放弃了自己的生意回村里当干部，是为什么，就是要带领大家往前奔幸福生活。他们是无私的，他们思考的是丁家垅村人的未来。既然选举他们当村干部，没有理由不支持他们。只有放下过去的成见，同舟共济，才能把村里的事情干好。看看丁家垅村这几年的变化，应该感谢他们。大到一个国家，小到一个村庄，只有大家心往一处想，劲往一处使，还有什么困难不能克服？如果我们还想着过去的恩恩怨怨，还在怀疑村"两委"成员动机，必然会再次造成村民间分裂，难道我们还留恋过去闹不团结、闹派性的日子？"

郎艺珠说这番话时，是语重心长的，是掷地有声的。每个丁家垅村的党员听到这些，内心是激动的。好长一段时间，村民还在细细咀嚼她的肺腑之言。

郎艺珠告诉我，丁家垅村的党员骨干会议能开得这么好，真的没有想到，说明了什么？丁家垅的党员干部没人愿看到过去那种乱象继续存在，没人再愿意无谓消耗自己的时间和精力而去与村干部作对。心应往一处想，改变丁家垅面貌才是正道。

这只是希望，曾经多年扰乱丁家垅村发展的派性影响还存在着，有人总想在新的村"两委"带领群众热火朝天搞建设路上扔两块石头，知道这些建设无法阻拦时，还想给村"两委"添添堵。郎艺珠两位老人不允许这样的现象存在，在老两口力所能及范围内，多为丁家垅村"两委"做些工作，扫清这些障碍，让他们身无挂碍地全身心投入到工作中。

和则兴，斗则乱。这种观点还要让在外地的丁家垅村人理解、支持。在村里党员干部会后，他们又建议丁雪龙集中在株洲市的家乡人召开一次向丁家垅在外党员汇报会。那天来了20多人，有人多年未打过招呼，这次见了面，都主动地握手寒暄。会上，两位老人语重心长地告诉大家一个道理：和，丁家垅村就是一块幸福地；乱，那就是一直穷下去。大家都是同村、同族，什么事情都好商量，过去的事情已经翻过去了，没谁对与错，求大同存小异，支持村"两委"工作，把丁家垅村的事情做好。大家走南闯北，心胸应该是宽阔的。低头不见抬头见，亲不亲故乡人嘛。这番话实在，打动了在场的所有人。两位年近八旬老人从长沙赶来与大家见面，就是坦诚地化解人们心中那点遗存的怨痕。两位老人为家乡发展不求名利，风里来雨里去，大家应该想想自己都为家乡做了些什么。

榜样的力量感染了在场的每个人。他们之间不再陌生，也不再隔阂，在一起吃了一顿久违了的团圆饭。他们都表示愿尽自己的力量，支持家乡的建设和发展。

建设美丽丁家垅，不能丢下一个人。这是两位老人经常对丁雪龙说的话。2017 年，一位心存怨气的丁姓老人，曾因个人问题没解决，怪罪村支部书记丁雪龙不帮忙，而去政府状告丁雪龙，要求罢免他。村里又闹得纷纷扬扬，一度影响了丁雪龙的情绪。两位老人让丁雪龙放下身架，不结怨气，主动上门去看望这位有病的丁氏老人。郎艺珠知道这位老人心里疙瘩还没解开，担心去了会遭到冷遇，于是她自告奋勇地说，我们陪你一块儿去。丁氏老人得了尿毒症，长期要去医院透析，经济上也很拮据。

丁氏老人没想到自己告了书记状，书记还专程来看他，很受感动。他向丁雪龙道歉："身体一直不好，心里就烦躁，说了些过头话，你别生气呀。"

"这事早过去了，是我们工作得不够认真，应该早些告诉您事情不能办的缘由，您也就不会动这么大火气了。在这儿，我也要向您道个歉，赔个不是。"丁雪龙表示他理解丁氏老人的心情，自己还有些工作没做好，恳切的言语让两人握手言和。临别时，丁雪龙代表村"两委"给老人留下了慰问金。丁氏老人是重症病人，却一定坚持出门送他们离开。丁氏老人病逝后，丁雪龙忙碌一天一夜把老人送到墓地安葬。

丁家垅村"两委"成员经历多年努力，终于让丁家垅走进"美丽乡村"行列，丁家垅的变迁成为了攸县党建工作的典范。他们的经验告诉了我们一条道理：哪里的基层组织认真执行党对农村工作的方针、政策，哪里的乡村就会改变面貌。

第 7 章 健康才是大问题

上篇 丁家垅村人的健康问题

一个党的基层组织站在了村民一边，村民就拥护、爱戴他们。丁雪龙和他的同事们上任后，立志任内完成 3 件大事。

一是村里修一条通向外界的路，在政府和各界能人志士支持下，不仅修成了，而且还是全县第一条村级柏油路。

如同当年"围攻县委"一样，丁家垅村又出名了。这个"名"和那个"名"不同，这个"名"是挂在脸上的笑，是欢欣的笑，是发自内心的笑。久违的自信又回到了人们脸上。以丁雪龙、丁卫东为代表的村"两委"，得到了村民们的认同，那些村民们曾有过的疑惑，这时也悄然地溜走了。许多年了，丁家垅村村民的意见从未如此高度一致：跟着村"两委"走，不会有错。

"回家看看，咱村变化可大了。"这是异地家人经常通话的内容，这是坚定不移的追随，在外的丁家垅村人都感受到了家人思想上的变化。

"我是丁家垅村的人。"丁家垅村人不再畏缩，言语里是挡不住的自豪，这是发自内心的自信。

二是困扰丁家垅村多年的白龙江洪水泛滥也被治服了。白龙江江面并不宽，为何称江不称河，我没找到根据。白龙江担负着泄洪重任，钟佳桥、网岭、大同桥等十多个村下泄洪水，白龙江是唯一的接纳处。我们知道丁家垅处在白龙江下游，两岸有农田 600 多亩，土地实行承包责任制后，集体共治的防洪设施却成了短板。拦江闸坝日渐陈旧，江堤长期未经整治，坝体损毁严重。一些江堤段垮塌了，加之上游水土流失，河道杂草丛生，河道淤积，行洪能力很弱。新一任村"两委"接任时，江堤有两处开始改道，造成农田作物减产甚至绝收。2016 年年底，政府下拨改造项目款，投资 10 多万元，村"两委"成员带领村民整整奋战了一个冬天，用石块垒筑垮塌江堤，让两处改道江水回到原江道里。同时，村"两委"还贴出公告，严禁采砂石。江道拓宽了，洪水再也没有漫过江堤、卷走田地里的秧苗。沿岸有农田的村民说："村干部做实事，做大事，做群众着急上火的事，我们就拥护支持这样的村干部。"

村干部回忆说，是党的扶贫政策好，没有各级政府投入、帮扶，就不可能有今日美丽乡村丁家垅。

第三件才是本章讨论的主题：丁家垅村人的健康问题。健康是构成丁家垅村成为"美丽乡村"的重要组成部分。现在让我们来回忆村"两委"解决第三件大事的过程。

不知是从哪一年，也不知是从哪一天后，丁家垅村人突然发现村里重症病人多了起来，而且有蔓延之势。

"怎么回事？"疾病是突然降到一个殷实家庭的，没有任何预兆。

村民找不到生病的成因，恐惧的情绪在增长。更为可怕的是疾病魔爪伸向年轻人。恐惧也会传染的。丁雪龙妻子就不幸中了标。我来采访时，她正在接受第二次放化疗。丁雪龙说，妻子身体一向不错，平日里头疼脑热都很少，妻子也很顾家，家里家外不闲着。突然有一天她感到胸部不适，而且疼痛加剧，妻子并没在意，以为如过去感冒一般小病，抵抗几天就过去了。这次却没有抵抗过去。丁雪龙陪她去医院做检查。医院检测报告出来了，他不相信那个结果，但医院检测报告白纸黑字写得很清楚，怀疑是没用的。好在发现得早，没有对生命构成威胁。更多人就没有丁雪龙妻子这么幸运了，一些人受尽重病折腾，一些人早早离开了这个世界。

百年古老村落为何成为重病高发区？村"两委"急切要找到出现在丁家垅村高发重病的根源。

这几年，丁家垅村大病超常暴发了，政府疾控中心工作人员也注意到了这个异常现象，他们不知道丁家垅究竟发生了什么，丁家垅村与邻村同饮一江水，邻村重症病人出现是正常的，却不似丁家垅村来的这么凶猛，他们也在帮助丁家垅村查找重病出现的原因。面对严峻的生存环境，丁家垅村"两委"，没有别路可选择，只有勇敢地迎上去，想出对策和解决方案。

丁雪龙向郎艺珠讲述的丁家垅村人群中这种不正常现象，引起她的关切。有这样一家人，父亲是癌症晚期，儿子又被查出患上同样的病。病床前，父子隔床相望，默默无语。等待他们的是熬过生命的最后时光；一家人，父亲患上重病，花掉家庭成员多年所有积蓄，保住了父亲的生命，但这个殷实家庭已经一贫如洗，进入了贫困家庭。还有……

郎艺珠沉默了。直面这样的家庭，她不能无动于衷，也不能默然走过。那情那景历历在目，说起来还心酸。

那些天，她走进一个这样家庭就会落一次泪。她知道自己的一点点钱都掏给了他们，也是杯水之薪，爱莫能助，只是尽自己心意而已。这些低保户大多因病致贫或因病返贫。近些年党和政府给农村户口居民上了医疗保险，仍不能彻底解决自费药品花销问题。

找出致病诱因，是丁雪龙和他的团队一点不敢耽搁的又一项重要工作。

这一块渗透劳动者血汗土地，怎么会出现不正常的众多病人呢？郎艺珠心情是沉重的。人命大于天，不能任由其发展下去。阻止，怎么阻止？敌人在哪？没有人能说出原因，她也是茫然的。还没有深入摸清情况，她不能武断下结论，以免引起村民的恐慌。

从村前走到村尾，从岭上走到田埂，从村南走到村西，郎艺珠心中的猜测越来越靠近她最初的想法。

郎艺珠辗转反侧多日，她分析是土壤中重金属超标惹的祸，这是怀疑，也是追查的方向。这个怀疑，她和一些专业人员讨论过，专家肯定了她的判断。目标越来越接近。她印象中曾有过这样的报道，湖南某地从稻米中发现重金属超标数倍，好米成为毒米，接受方忍痛割爱，只能全部焚烧。村民不懂，而管理者也是一脸茫然：年年都用同一种方法耙地、插秧、施肥、除草、收割，并没有施加什么重金属，他们甚至不知道什么是重金属。

造成丁家垅村村民大病发生的主因不外乎空气、水和土壤。空气是流动的，丁家坳一个小小村庄没有制造污染的企业甚至没有企业，空气污染之说显然是不成立的，且相邻村镇并无这种严重疾病蔓延。郎艺珠把关注点放在水质、土壤上，她坚信是这两个因素或是一个或是两个一并出现了问题。疾病发生也非一日或几日生成，一定是个日积月累的过程。大学时，她学习的专业就是化学，毕业后她服从党的召唤，从北京去了"大三线"，她在化工厂工作了几十年，在那里奉献了自己的青春年华，成为化工行业专家。高度发达带来了高科技生产力，任何事情都有两极的结果。有利就有弊，她对此有过忧虑。化肥、农药的推广应用是农业科技一场革命，促进了农业生产的稳产高产，但化肥、农药的副作用也显现出来了，表现最多的是重金属元素超标。同样都用化肥、农药种庄稼，都会有重金属的危害问题，同属一块田，同饮一江水，为什么邻村没有这种现象？

"问题出在哪？"许多人都这样问。

近些年，食品安全专家们多次呼吁关注农作物的农药残留、重金属超标问题。郎艺珠在省老科学技术工作者协会工作期间，曾与农业专家专题探讨、研究解决农作物的农药残留和重金属超标问题，并有了突破性进展。她虽不是专家组成员，却很关注这项关系民生的调研，她主持编写了《硒望在田野上》一书，是对农药残留、重金属超标解决方案的回应，这部学术著作虽不是公开出版，却在业内引起强烈反响，一些外省、市的专家学者纷纷向她们取经研讨。成果关乎民生，她从不拒绝，大多伸出双手欢迎。

数年前，就有人报告了丁家坳村人的健康问题，并没有引起有关部门关注。不能责问相关部门，也不能推卸自己的责任，这是社会发展进程中遇到的难题。有了问题，不是回避，必须以积极的态度去研究，并寻求解决问题的方法。

那些日子，郎艺珠带着丁雪龙等人来往于丁家坳村与株洲、长沙之间，得到的结论果然如郎艺珠怀疑的那样，是土壤里的金属镉等元素严重超标。超多少？丁雪龙说，测检单位都不敢签发报告单。镉元素非原土地里存有的，原因是长年施用化肥、农药造成的残留。丁家坳地处平原盆地，在日积月累中，化肥中的镉等重金属元素就留在了土壤里。饮用的地下水也同样被污染了，种植的庄稼也会从土壤里吸收镉，这些镉等重金属元素是通过水、粮食进入村民的身体里，这就造成了村民得大病、重病。

为了验证这些数据的真实性，郎艺珠亲自带人去检测机构落实、核准检测结果。年轻时，她腿有过风湿症，前几年不小心拉伤关节，之后拐杖没有离过手。丁雪龙劝她坐镇，他们年轻人去跑检测，她不放心，一定要跟着一块去。同去检测机构的丁卫东向我讲述这件事时，仍然心存感动："正是七月酷夏，她非要一块儿去。她说，不亲自去她不放心。湖南七月'桑拿天'，热得喘不上气来。到了中午结果还没出来。她跟大伙坐在走廊长条椅上吃盒饭等结果。那情景，让每个人都很受感动。"

检测结论让丁雪龙、丁卫东他们下决心从土壤改造入手，这是解决土壤中镉等重金属残留的唯一方法。

怎么改造？土地是搬不走的，住宅也搬不走。有决心还不行，还要拿出可行办法。无疑，这个重担又落在了郎艺珠肩上。

化工专家又开始了她艰辛的旅途。湖南夏季的炎热，连年轻人都忍受不了，况且一位年近80岁腿脚又有疾病的老人呢。是丁家垅村那些病人无助的眼神让她无法停下脚步，她奔走于科研院所、医院，寻找疗方良药。

全湖南省这样的情况并不少，农业专家们也日夜寻找解决方法。专家们的一致意见是，土壤里的镉等重金属是残害人类健康的主要元凶，他们找到了元素硒来抵制它。硒是农作物里重金属的克星，实验证明了硒对土壤中重金属有抑制作用。近些年，硒正从实验基地快速地进入推广阶段。经分析，丁家垅村土地里的硒是贫瘠的、微量的，而镉等重金属超标，只有通过外力干预，科学治理，才能保证谷物及地下水重金属含量不超标，达到国家规定标准。

专家提供了国内外大量资料和临床实践，证明了人体缺硒会造成重要器官机能失调，导致许多严重疾病的发生。硒还有增强人体免疫功能、增强解毒性、抗衰老性等作用，科学补硒与人体健康有直接关系。

郎艺珠在土壤分析结果出来后，明确地对村"两委"成员说："硒元素进到农业领域许多年，并且越来越受专家的关注。硒是镉等重金属的天敌，硒元素被庄稼吸收后，可以阻止植物对镉的吸收。村民所患的重症，主要是土壤和饮用水不合格引起的。"

省老科学技术工作者协会专家早在 2006 年就已经从事硒作用研究与推广，并得到省委、省人民政府领导的批示与支持。任何一项科技成果的推广，都不会一蹴而就，都会是个长期的、缓慢的过程。硒在许多省份得到应用，而湖南却还没有大面积推广，技术是个难题。她在走访省农业科学院专家后，建议丁家垅村"两委"成员："咱先种植富硒水稻，阻止水稻对镉吸收。人们吃了富硒稻谷，能抵抗和预防疾病发生，这是造福子孙后代的大事情。"

下篇　种植上的一次重大革命

种植富硒水稻，这是丁家垅村百年来种植作物上的一次重大革命。攸县大都处于平原，镉超标现象也会出现在其他村的土壤里。她真挚希望能引起有关部门重视。

经过了一次次的专家讨论，在湘东如丁家垅村这样有健康问题的村庄，推广富硒农业是利国利民的好方法，按专家的话说是"花钱少，见效快，而且立竿见影。"

这是解决土地镉等重金属超标最有效的方法之一，在一些地区的推广得到非常好的回馈。他们认为，像湘东平原包括丁家垅的广大地区，都应该倡导普及农作物添硒。郎艺珠向县政府提出了自己的建议，在丁家垅村农作物普及试点添硒之后，建议政府大力推广丁家垅村的实践经验。

郎艺珠满腔热忱地推广种植富硒水稻，有人提醒她，这一推广建议未必受有关部门欢迎。果然，她的热情没有受到有关部门关注，甚至遭到了冷遇。本来是满心欢喜，却不曾想得有关部门把富硒农作物拒之门外。同去的人很愤怒，她却很坦然："只是个建议，尽其所能吧。"

她决定再去省农业科学院，请来专家、教授帮助丁家垅村完成土壤改造。张秀菊教授是农作物硒应用专家，每天都在田间地头奔走，非常繁忙。郎艺珠凭借与她多年的友谊，再一次把张教授请到攸县来。丁雪龙、丁卫东等人在张教授的指导下，坚持在丁家垅村示范地里试验种植富硒水稻。富硒水稻所用肥料、种子、技术由省农业科学院提供，并由专家具体指导使用。这一做法的目的只有一个：富硒降镉，全面提升稻米品质，减少村民大病发病率。

2017年秋后，水稻收割归仓，丁雪龙拿上一袋米样去找有关权威部门鉴定，给出的评价是：丁家垅村提供的稻谷富含硒，镉等重金属含量大幅度减低，符合国家标准。稻米品质优良，颗粒饱满，营养丰富，口感良好，村民们得到不错的收益。

丁家垅村大事记中有这样一段文字记载：

"针对村内产业基础薄弱，土地含镉量高的情况，村'两委'干部大胆探索，由郎艺珠牵头，取得省农业厅的支持，请省农业科学院高级教授张秀菊亲自来到丁家垅，采取科学措施治镉，并测出土壤硒元素贫乏，向村里提出引进水稻富硒降镉的种植项目。2016年春，在龙桥、下龙等9个组，流转土地350亩，投资80万元，创立富硒水稻生产基地，并将丁家垅村列为省农业厅、省科协联合举办的试点。"

丁家垅村经历3年的示范试验，2018年稻米含硒达0.3～0.4mg/kg，镉等重金属为0.12mg/kg，完全符合国家标准。

与此同时，又一个好消息传来：在丁家垅完小饮用水因重金属含量不合格禁用后，为解决丁家垅村民生活用水，市、县人民政府拨出"精准扶贫"项目资金，为丁家垅村铺设了一条连接县城的自来水管道，从根本上解决了丁家垅村因地下水污染造成的重大疾病问题。

丁家垅村从源头解决了困扰村民生命质量的稻谷、饮水问题，从对疾病的恐惧到坦然面对，我们看到了村民发自内心的笑容。过去的早已过去，他们要在古老的家乡丁家垅的土地上创造属于自己的幸福。白天，他们是土地上耕作的农民，晚上他们享受城里人一样的夜生活。

丁家垅村解决了稻米重金属超标问题，接通了县城的自来水管道，还有愉悦的闲暇生活，这是翻天覆地的变化。

丁家垅之变是环境之变，也是人心之变，环境之变增强了丁家垅人的自信，村民精神愉悦共同建设美丽家园。一位在外地工作的丁家垅村人回到向好变化的丁家垅，所见所闻，耳目一新，他写道：

干净整洁的村道，绿树成荫；色彩丰富的文化墙廊，醒目靓丽；生长旺盛的富硒稻田，绿浪翻滚；随风摇曳的荷花，香气四溢；明亮的农家书屋，彰显特色；座座崭新的民居，风光各异。这一切昭示着丁家垅正迈向

"五美"新农村。家乡变了、美了，全依市、县、镇、村各级领导有方，父老乡亲齐心协力。大家没忘初心，从思想观念转变到基础设施改善、人文景观打造、文化氛围营造入手，提升了"美丽乡村"的知名度和美誉度。

这不仅仅是赞誉，更是一个亲历者对丁家垅村和丁家垅村人从环境到心理变化的见证。

自 2014 年以来，丁家垅村相继建立了高标准的乡村大舞台、文化广场、健身广场、图书阅览室，添置了图书、乐器、乒乓球台等文体设施。丁雪龙告诉我，政府对丁家垅农村文化生活给了不小投资，并把这些列入"美丽乡村"建设的一部分，从而提升村民的幸福指数。现在，整个综合文化服务中心建设日趋完善，闲暇生活的文化氛围越来越浓厚，村民自发成立了广场舞队、腰鼓队、军鼓队、锣鼓队，广场舞爱好者就有几百人。想象一下，几百人的广场舞场面是怎样的气势？

第 8 章　丁家垅之变

上篇　一条路，成就一个美丽村庄

　　丁家垅村的变化是惊人的，有目共睹的。这种变化从进村那一刻我就深深地感受到了。

　　如果你不是亲临其境，你也不会想到这里是湘东农村。很多人在都市蜗居习惯了，对映入眼帘的一座座农居，有种耳目一新的感觉。丁家垅村人下田的脚步是轻松的，悠闲的，他们扛着农具遇到村邻打着招呼。雨后天晴，田地里晚禾开始变黄，没有鸡鸣，也没有狗吠，村庄里很安详。安详得照在身上的秋阳你都会体会出它的温暖来。站在白龙江桥头，眼前是绿色植被与金黄色稻田交织的图画，村庄则是画中的静物。还没到收割时间，田畴里少有人来往。一条黝黑发亮的柏油路很显眼，从脚下一直铺到村里看不见的尽头。信步进村，你才发现村民大都在自家庭院做着秋收的准备。他们忙碌手中活儿，无有声息，不像感情豪放和张扬的北方农民把幸福表现在高亢的笑谈里，哪怕是隔着一条街也会大声地、毫不掩饰地对话。

　　不仅仅是我，所有第一次来过丁家垅村的人，都会有这样的惊异和感受。丁家垅，你真的变了。

　　在一篇《攸县丁家垅，这次该你上头条了》的文章中，我们也找到了身在外乡的丁家垅村人对变化的欣喜，仅仅一条路就是惊喜的理由。文章这样写的：

　　回家过年的时候，终于见到了传说中攸县第一条村级柏油路面。年前就从父辈口中听闻这条消息，刚开始我有点儿咋舌。2016 年 11 月左右，还回家了一趟，那时路面确实拓宽了不少，但柏油路只是传说，未见踪影，以为是不了了之。过年回家了，偌大的柏油路面，映入眼帘。路旁成荫的绿树，耸立的路灯，甚是一惊，有种置身于国家二级公路之感。坦白说，村级公路能够做到这个样子，实属不易，而对于出行人来说，着实为一大幸事。今后再也不用远远地望着迎面车来时，早早避让，也不用担心因年久的路面失修，人车都置于坑洼中。

不用怀疑，这是土生土长的丁家垅村人写的。人在外，心在老家，不论走出多远，走出多少年，这里都是无法割舍的情怀；丁家垅村环境、人心的丁点儿变化，都会让他们惊喜。他可以骄傲地说："这是我的村庄。"

家乡，是心灵的归宿地。

家乡，是融入血脉的精神图腾。

家乡，是灵魂朝拜的圣地。

龙头、龙江、龙井、龙台、龙塘、龙池、龙前、龙桥，星罗棋布在丁家垅的不同角落，那些散布在全国各地的丁氏后人心中都有一个龙的影子。那些年，他们无法改变丁家垅村人的纷争，纷纷离开故土寻找新生活。那些年，这厚重的崇文土壤曾经是育人的精神圣地，却在不经意中塌陷了，成为后进村。丁雪龙践行当选时的承诺，带领全村重新铺展生活、共谋发展，让丁家垅村人找回了曾经拥有的自信和尊重。丁家垅村环境改变了，人心强大了，丁家垅村人也会发出豪迈的声音。攸县电视台记者彭亮霞等抓住丁家垅村的变化，走近丁家垅村人内心世界，在《一条路成就一个美丽新村庄》中这样写道：

新市镇丁家垅村（乡镇合并前归属大同桥镇），这个曾因省级贫困村和村子里的大龄青年找不到老婆而远近闻名的村庄，如今不仅脱去了省级贫困村的帽子，村里的男青年也成了姑娘们眼中的香饽饽，这是为什么呢？

原来的丁家垅村不仅村道坑洼不平，而且村里的经济结构单一，基础薄弱，是远近闻名的省级贫困村，丁家垅村"两委"干部，团结村民共同努力，用自己的双手日日月月地改变着家乡的面貌。

如今走在宽阔整洁的村道上，出行方便了，村民脸上都洋溢着幸福的笑容。讲文明、讲卫生，村风村貌焕然一新。村子里建起了休闲广场。晚饭后，三三两两来到音乐广场，或跳舞或唱歌或交谈，这已成为丁家垅村人一天不可或缺的生活一部分。

破烂的路是丁家垅村人多少年来的心结，闹腾了许多年，也期盼了多少年，终于在新的村"两委"任期内完成了村民的心愿。就凭这一条，村民就理应拥护、支持他们。

"丁家垅村点滴变化的背后离不开政府、村民的全力支持。"村支书丁雪龙平静地说。

丁雪龙讲述了村民如何支持"两委"修道扩道的故事。

为了按照规划布局建立好"美丽乡村"，村里需要拆除部分老旧房屋，村民给予了有力支持。丁偕大的房子就是其中之一。村委找丁偕大商量拆屋让路事宜。丁偕大先是犹豫，但还是同意了村委会的意见。丁偕大说："村干部为谁？还不是为村里建设，为咱村民过上好日子。我很支持村里的建设，舍小家为大家，我没有什么意见。"

沿街的村民没有一家硬扛不搬，这出乎"两委"的预料。

这就是变化，变在人思考问题的角度。前些年，人心涣散，无风还三尺浪呢，试想一下，修路拆除自家老宅院墙，可能吗？

村干部们无私奉献，辛勤工作。人无私了，就有了话语权，也有了令人服气的领导权，这就是榜样的力量。丁家垅村人是礼仪之村，从建村那天起，立下讲理的族规：有理的事，大家都会支持。

建设柏油路只是个契机，它动员起了全体村民的力量。搞好丁家垅各项工作不是一个人或几个人的事，是村民共同的、不可推脱的责任和义务；也不是一个人或几个人能做到的、必须做的，必须有你、我、他共同参与，才能共享利益，这样的号召其实是一种精神感召；人心所向，才能在前行的路上遇到困难和挫折时能够所向披靡。丁家垅村人在大事记中有这样一些记录：

丁家垅村主干道属乡道，始建于20世纪90年代初期，系攸县最早硬化的乡村道路。筑路资金全部由老百姓集资筑成。这条道路是网岭镇的涟滩村、宏市村和新市镇的龙家场、桐梓、吕家陂、福寿湾、观背、罗谭、丁家垅等村通往县城的客运班车必经之路。由于年久失修，路面损坏严重，且过于狭窄，影响会车，导致老百姓出行困难，严重影响村级经济发展，也制约着村里脱贫致富。

要想富，先修路是村里干群的共识。为此，2014 年至 2015 年，村民集资一部分，在外争取一部分资金，共筹集资金 100 万元，完成 3.1 公里、8 米宽的路基拓宽和两边排水沟渠硬化以及两边栽树绿化。在上级党委、政府支持下，2016 年，村路面全部铺上柏油。这是全县第一条水泥路改建为柏油路的乡村道路，耗资 400 多万元。由村组分支乃至各户门口的道路全部水泥硬化，都能通小车及农用车。村级道路畅通无阻，打破了交通道路瓶颈，相应带动了村组及农户的经济发展。

新市镇以丁家垅为点，按照'五美'乡村标准，以点带面，点面结合，丁家垅村走在了前面。加强基础党建为源头，以'美丽乡村'创建为抓手，从基础设施改善、景观人文打造、文化氛围营造等方面入手，着力打造'一村一品'多村联合，抱团发展，使新农村的振兴走出更大的步伐。

按照布局美、环境美、产业美、生活美、风尚美的"五美"乡村格局，丁家垅村制定了 30 年的村庄规划蓝图。按照村里规划，丁家垅村建设了丁香园等 4 个村民休闲广场，一个儿童娱乐广场，一个老年活动中心，一个村级图书馆，3D 打印体验室和丁氏立体电影体验馆等。

宽阔的柏油路迎接在外创业的"能人"归来。这里不再是旧模样，他们感受到了党的温暖照进了丁家垅村，也照在了自己身上。

和一些村民聊天时，他们无不兴奋地表示"第一条攸县村级水泥硬化路面是在丁家垅，而第一条村柏油路面也在丁家垅"，幸福之感溢于言表。这句话很真实，无需去考证，带来的荣誉感是真切存在的，听者能感受到村民的温度和热度。

日新月异的变化，增强了人们自信心、责任感。久违的宗亲又成为人们交流的话题，那些老死不相往来的狠话变软、变淡甚至消失，大家又能坐在一条板凳上聊天、喝酒、吃饭。他们开始商议宗祠翻修、礼拜内容。我们看到了醴陵、茶陵、更远的外地的丁氏族人回来，认祖归宗，血浓于水，重温旧话题。

美在丁家垅，不是我捏造的，是丁家垅村人的感受"有一种幸福叫美在丁家垅。"这句话写在丁家村网站上，被上千人点击，这是家乡人的感同身受，网站小编有这么几句话：

> 田园牧歌，
> 美丽乡村，
> 带上家人呼吸新鲜空气，
> 长期忙碌在城市车来人往的你，
> 是否在内心安放着一个"悠悠见南山"的乡村梦？
> 天然恬静园的净土乡村，
> 能给精神回归的愉悦和生活体验的欢乐。

文字纯美，也很亲切，表达了丁家垅村在外游子的心音。

我在丁家垅采访时，从丁家垅村走出来的青年歌手谢佳卿的歌声飘荡在这个有两千多人口的村庄上空。谢佳卿演唱的歌曲叫《不忘来时路》，不是专门写给丁家垅村人的，但是谢佳卿是丁家垅村人的外甥女，丁家垅村人也把她当做全村人的外甥女。她唱出了丁家垅村人内心深处的感受，也是对常年在外亲人的召唤。

经历了近10年人心不拢的丁家垅村人，深刻感受到了村里的变化。在丁家垅村人看来，来这里学习参观的人多了，这是难得的荣誉。从前见瘟神一样躲着走，到现在涌到这里来学习，丁家垅村人的心理发生质的变化，他们的自尊心得到释放。远在澳大利亚的丁孜山教授是丁家垅村人，听了谢佳卿的歌，感叹家乡变化，这位海外游子心潮澎湃，写出载满思乡之情的诗文：

> 看尽繁花似锦
> 最爱还是我家乡
> 走遍五湖四海
> 最爱还是我家乡
> 有温度
> 有情怀

思乡的

浓浓喜悦

散发出迷人的

玫瑰芬芳

天籁之音

飘在

浩渺的星空

宛如

清风与莺鸣

袅袅天音

落凡尘

莫说乡路长

长不过我的思念

莫说天涯远

远不过我的渴望

最爱

还是我的家乡

这是浓浓的乡情，这种情是融合在血液里的，不论走出多远，乡情都会跟随他，直到终老。

青年歌手谢佳卿回应了丁孜山，她在自己创作的歌曲《最爱还是我家乡》中深情地唱道：

站在那个田间诶，

我放声诶唱咯，

还是哟我家乡诶。

碧绿的荷塘回荡欢快的鸣唱，

金黄的稻田散发着丰收的芬芳，

我家就在这攸水河旁。

宽广的大路，

奔向了幸福的小康。

你看那清风阵阵吹来了新的气象，

你看那一排排新房再不是旧模样。

山还是那样清，

水还是那样绿，

看尽繁花似锦，

最爱还是我家乡。

孝亲的美德传承祖辈的榜样，

琅琅的书声孕育着明天的栋梁。

崭新的科技描绘美好向往，

小小的乡村迸发出奋进的力量。

你看那温暖阳光，

洒满了田间小巷；

你看那一张张笑脸，

写满了舒心的欢畅。

人还是那么亲，

心还是那样近，

走遍五湖四海，

最爱还是我家乡。

在丁家坨采访时，我见到了回村探亲的谢佳卿。谢佳卿现在军队做宣传工作，是一位活跃在部队里的优秀文艺工作者。

她在丁家坨的姥姥家长大，十多岁外出就学。她说："这里是我长大的地方，这里的山，这里的水，这里的人都是我人生中的一部分，深深地嵌在记忆里。"

谢佳卿有一副天生甜美的歌喉。在母亲陪伴下，谢佳卿北漂进到京城，吃过所有北漂人吃过的苦，后考入军艺研究生，拜著名声乐教育家金铁霖、马秋华为师。她的歌声清脆、甜美，很快在艺术界崭露头角，成为丁家坨村人的骄傲。

我第一次来到丁家坨村时，上空飘荡着谢佳卿的《不忘来时路》歌声。歌声是醉人的，丁家垅村人陶醉在歌声里。半年后再到丁家垅村时，天空中飘荡着的是谢佳卿唱的《最爱还是我家乡》。丁雪龙欢欣地说道："你听听，谢佳卿唱的，我们丁家垅村出去的青年歌唱家。"

谢佳卿告诉我，下部队演出任务很重，只要能在假期抽出时间，她一定会回到丁家垅，这是她梦转千回的地方。那些年，她进城读书、唱歌，母亲经常带她回乡下看望姥姥，后来北漂不常回来，心里也惦念家乡，就像歌里唱的：最爱还是我家乡。写这首歌就是她看到丁家垅村变化才有感而发的。

丁家垅村的变化有目共睹。

中篇 传承，也是一种力量

丁平征站在祖屋残垣断壁前凝视了许久，追思寻找儿时的记忆、母亲的身影，那些埋藏在生命深处的或人或事，浮现在眼前。那蓬瓜蔓，那簇野竹，都沉淀在岁月的时光里，成为生命的一部分。少小离家 60 年，北上首都，南下省城，无论环境怎样变化，职务怎样变迁，这里都是他无法忘却又难以取舍的地方。80 年前，他出生于斯，成长于斯，那时住在祖屋里。父亲过世后，母亲坚守祖屋不肯离去，这里有她的青春岁月，有与之和睦相处的近邻远亲。如今父母亲早以远去，这个曾经兴旺百年的丁家垅村里的大家族，也随着岁月磨砺而没落了。

此时，他回到丁家垅这个熟悉而陌生的村庄，记忆中的青砖青瓦大庭院，只剩下残垣断壁。有秋虫在草丛中啁啾，还是他记忆中的声音，一点都没有改变。村里没有人去破坏它，也没有人试图改变它，村民不约而同地保护着这块旧地。

祖屋是早年村中的标志性建筑，它躲过了战乱烟火，躲过了动乱时期的破旧行动，却没有躲过岁月的侵蚀，终于在一个风雨交加的夜晚，轰然一声倒塌了。房屋主人走了，主人子孙也不在这里生活。关于它的故事还在，还在鼓舞、激励着一代又一代人学习。现在，它纳入了丁家垅"美丽乡村"未来规划的一部分。

丁雪龙说，如有条件，要在这里建一座图书收藏馆，记载丁兴伯公子孙的事迹，收藏更多图书供丁氏子孙查阅学习。几位作家得知丁家垅村事迹后，表示愿为图书收藏馆捐赠部分图书和著作。

丁平征兄弟三人的名字写在祠堂的墙上。"一家三子皆成才"成为一村人典范。他们将随着这个族群的繁衍被一代代子孙铭记，成为丁氏子弟学有榜样、赶有目标的旗帜。它体现了族群的力量和历史的传承。

青砖瓦房主人丁秀芬是一位世代居住在丁家垅村的村民，他是村里郎中，从小鼓捣中草药，免费为村里人治病。丁秀芬更值得称赞的理由是作为土生土长的农村人，却把3个孩子培养成了大学生，后来，3个孩子都成了教授或高级工程师。

长子丁再昌，毕业于广西大学，在20世纪40年代时应聘到阜新煤矿当高级工程师，后留在煤炭学院当教授，由于教学水平高超，被评选为煤炭学院模范教师。他的教师生涯一波三折。"文化大革命"时期，他回归乡里，凭借自己的化学专业知识，给乡亲们制作了"土农药"和"土化肥"，赢得村民的尊重。动乱结束后丁再昌回校继续当教授，多次被评选为模范教师。后来他加入了中国民主同盟，成为学校的民盟主委。

二子丁守谦成了南开大学教授，是国内外享有很高知名度的科学家。丁守谦从小就在家族内的私塾读书，他想出去闯一闯，但爷爷却希望他留在家里继承家业。最终，丁守谦遵从了自己内心的想法，他悄悄离家来到醴陵，因为身无分文，只好偷偷爬到火车顶上到达长沙，最终考入长沙广益中学。1950年，他考入清华大学物理系，后该物理系调整并入北京大学物理系。1956年，北京大学物理系研究生毕业，他任教于南开大学。中国第一颗硅单晶在1958年诞生，当时惊动了全世界。它的主要验证者，就是丁家垅人丁守谦，从丁家垅村老屋走出的科学家。1958年，面对汹涌而至的世界电子科技革命浪潮，天津市公安局受公安部和天津市人民政府指示成立601实验所，组建了以丁守谦为组长的物理提纯组。他们克服了常人难以想象的困难，终于在1959年9月15日实验成功了中国第一颗硅单晶，拉开了中国半导体时代的序幕，并且向世界表明中国半导体工业已进入国际先进行列。20世纪80年代被列入英国剑桥出版的"世界名人录"。他的发明硕果累累，有的曾荣获国家发明二等奖。

三子丁平征读完小学之后，家里分得了土地。由于父亲过世，两个哥哥在读书、工作，他只好放弃学业，帮着母亲一起干农活。有一天，村里一位姓李的老师看见他在干农活，便问他为何不去上学。得知丁平征的情况后，李老师说："要你哥哥寄点钱给你啊！不管怎么样，还是要上学的。你年纪这么小，读书才是出路。"

听了李老师的话，丁平征心中又燃起了读书的渴望。他给二哥丁守谦寄去了一封信，没多久，二哥给他寄来了 100 元钱。丁平征报考了当时的攸县第一初级中学，"全县 2 000 人报考，仅招 150 人"，丁平征成功被录取。后来，他又转学到北京 101 中学读完高中，考入北京工业大学化工系，毕业后成为一名高级工程师。

丁平征说："我非常感谢父母和学堂的老师，他们从小就教育我们，生活上要勤俭节约，不奢侈和浪费；做人要明辨是非，做一个正直清白之人。"

丁氏三兄弟的事迹家喻户晓，这是丁家垅村人的荣誉，也是攸县人的骄傲。

兴伯公画像是慈祥的，他默默地看着他的子孙。

走出去的回来了，每年"清明"祭祖时，这些游子，不顾一路风尘，从世界各地回到丁家垅村祈福祭拜，第一拜自然是给丁家垅村的开山鼻祖兴伯公。

"我们家古老的大门及场坪好大，门前的白龙江、白龙水潭，都是我儿时的乐土。虽然离开家乡半个世纪，仍未磨灭掉我对家乡的眷恋。我的血液里，流淌着与家乡父老同一基因血液。"丁平征说。

夏日阳光穿过丁家垅完小，照进丁氏祠堂，照亮这个丁氏子孙的精神圣地。这座建在学校里的祠堂，扎根在当地厚重的崇文土壤中。即便在 20 世纪的饥荒年代，也保留着村民捐米献粮、倾尽所有供村里学子读书的传统。国家实行 9 年义务教育，丁家垅完小有了国家下拨的经费，这里的老人还是愿意蹲在院外台阶上，静听孩子们的琅琅读书声。

丁家垅历来崇尚读书，重视教育，清同治元年（1862 年），丁家垅建立了丁氏义学会，族长丁光齐与丁颖齐首倡义学，创办了界溪义塾，为后来开办学校创造了条件。清光绪庚辰年（1880 年），丁氏家族新建祠堂，内设私塾，凡愿接受教育的丁氏子弟，都可免费入学。族里留有公田，或租或借，收取费用补贴私塾。清末民初，废科举，创新学，丁家垅禄田筹资办学校。民国丙辰年（1916年），丁家垅创办了私立丁氏聚书国民学校。1981年，丁家垅全体村民勤俭节约，建成两层楼房，其中8间教室，4间办公室，把丁家垅小学改造成了丁家垅完小。1994年冬，全体村民出钱出力，建成3层教师楼。尊师重教是丁氏家族的历史传承，年年岁岁，成就了丁氏子孙的未来。

兴伯公是个文化人，有着超凡远见和智慧，他在分析族群生存法则中悟出了重大发现：文化是丁家子嗣繁衍下去的重要条件和因素。他的远见和卓识的确让其子孙至今还在享受他所订立的族规恩泽。他确立族规最重要目的是保证学子有书读。族人是在漫长历史进程中逐渐发现这一族规的高远及适用性。兴伯公早已仙逝，但他的胸怀和远见，他的思想和所倡导的理念，并没有随其岁月的漫长而消失。子嗣延续着他的血脉，继承他的族规，这些传承下来的思想成为中华瑰宝的一部分，也是今天姓氏延续的组成部分，这得益于文化的记录和光大。

攸县作家龙新田在《攸水河畔一明珠》中又有这样文字：

"人口素质是随着社会的发展，而得到提高的。新中国成立前，村民文化程度发展不够平衡，由于丁家垅贫富悬殊，读书人主要出在富裕人家，丁家祠堂积谷会鼓励子弟读书，但人们对此普遍认识不足，而造成农家子弟念书少或不念书的局面。新中国成立后农家子弟个个上学堂，或读小学，或上初中，或进高中，也有上大学的。文化程度普遍提高，过去的文盲，通过上扫盲班、夜校，而得解脱盲。改革开放后，国家恢复高考制度，大批学子得以上大学，圆了成才之梦。"

20世纪90年代初，丁家垅村设立奖学金制，凡考取大学者，村奖励每人200到2 000元。激励丁氏子孙努力学习，为国家、为家族争光。丁雪龙说，恢复高考40年，丁家垅村已经走出300多名大学生。现在，对每个考上中专的考生，奖励500元；二本以上的，每人奖励1 000元；考上重点大学的每人奖励2 000元；考上硕士或博士的另外重金奖励。这些奖励资金，都来自族人的捐助，他们发达之后不忘桑梓。为了用好这些捐款，族里还成立了捐款基金会。这些钱除了用于奖励高考成绩优异的子弟外，还用来帮助那些贫困子弟上学。

"近几年，我们村每年至少有 20 多个孩子考上大学。差不多隔几年就会有一个考上北大、清华的。"丁建荣介绍说。

显然，这是崇文兴教的结果。

丁建荣，丁氏祠堂理事会会长。他认为对考取大学的子弟给予奖金，是激励，更是荣耀。前有车后有辙，学有目标，追有榜样，燃起丁氏子弟对读书的热爱和渴望。

丁小辉，攸县交通警察。从小在丁家垅长大，后定居县城。父母从小重视教育，也常用家族大哥哥、大姐姐考取某某大学激励他。他考入攸县师范学校，后来留城工作。他同样用父母的教育方式引导儿子热爱读书，追求上进。每年祭祖典礼上，丁家垅村都会对当年考取大学的丁氏子弟发放奖励，奖学金都是在每年祭祖典礼上颁发。每次只要有时间，丁小辉都会带儿子一同回到丁家垅。他要让儿子知道根在哪里，知道读书人是如何被族人尊重的。2014 年，丁小辉的儿子被清华大学录取，祭祖典礼上，爷爷代表孙子接受族里发的奖金，而后爷爷又当场捐了出去。

丁小辉说："家族对我们的影响确实很深，不但是我，对村里面每个人都是如此。家族里有许多优秀的前辈，让我们知道，只要自己肯努力，就可以成为一个有出息的人。这成了一个正向循环，每一代都有新的榜样出现，再激励下一代，如此循环，每一代都会出现许多优秀的人才。"

经历了 500 年的社会动荡、改朝换代的沧桑巨变，丁家垅村人在不讲法治讲人治的旧中国，靠家风、家训、家规来规范自己行为。新中国成立后，那些因读书而走出丁家垅的学者、企业家、干部也是家风、家训、家规的践行者。

丁建荣自豪地说："良好的家风对社会而言，也是一种道德的力量。至今为止，丁家垅走出去的公务员没有一个因贪腐而落马。这是鞭策，也是警醒。"

一位县级领导听了丁家垅村人捐谷助学事迹后感慨万分，他说："一个地方公民素质的提高，文明习惯的养成，比修一条公路、办一家企业更有价值。"

丁家垅学校百年来虽几易校名，校舍却从未动迁破败，崇文重教精神从未颓废。因而，才会有丁家垅村人才辈出，硕果累累。

丁家垅村为什么走出干部、学者这么多？有人对此表示怀疑。丁家垅村籍人对此有过非常清晰的解释："弄清这点，必须从丁家垅的位置说起。丁家垅地处平原原大同桥镇偏东南，以攸水为界，西侧为旷桥村，东边则为丁家垅村。从位置，看不出任何优势之处，离 S315 省道上尚有界江相隔，离 106 国道更是数村之距，本身无集市，只能算是中庸位置。从资源上看，也无任何优胜之处。据相关资料记载，现丁家垅村总面积 2.8 平方公里，人口达 2 572 人，耕地人均 0.6 亩，无任何富藏资源。如果种田地，恐怕也只能自给自足。守得一方田地，显然是行不通了。"

丁家垅出来的干部、学者之多，在攸县各村来看，也算是一种超常现象。这就得益于丁氏族群百年来坚守的教育，教育是丁氏族群的造才之本。

丁家垅人丁平征认为，这是丁家垅人"秉承丁家先哲遗风，致使丁家垅村杰出人物众多。现代农家子弟走出家门闯世界，业绩非凡。"

2019 年初夏，我在村里散步。走到丁家垅完小门口，这是一座建于清朝光绪年间的建筑，村里人更多愿称它的旧名：兴伯公祠。虽历经百年沧桑变化，祠堂原貌依存，它的作用依旧是祖祠、学堂，现在又把村民议事厅移挪过来。我有些心动，下意识走了进去。教室传来孩子们琅琅读书声，这声音甜蜜而清脆，在蔚蓝天空里回荡着。几个老人坐在门外，他们没有说话，静静地抽着烟，静静地听着抑扬顿挫的声音。他们醉了吗？

丁家垅村丁氏皆是一脉传承。北江丁氏第七世高祖丁兴伯公 500 年前在这里插杆为旗，开始了丁家垅村元年。丁兴伯公带领他的子孙在界溪的土地上落地生根，开花结果，也未曾料想到族群如此庞大。假如上天有灵，兴伯公对他当年立下族规最重要一条训示一定很是欣慰：

"丁氏家族子孙到聚书堂求学，无需出资，积谷可抵学费。"

下篇　丁家垅之变

丁家垅之变，不仅仅是一条柏油路，真正变化的是心路历程的变化，是文化传承的回归。这一点，我在攸县政协主席吴爱清那里得到了答案。这位县级领导虽不是丁家垅村走出的干部，对丁家垅村却很是了解。他在攸县工作多年，了解丁家垅的过去历史，也了解丁家垅走过的那段弯路，又是 2016 年 8 月株洲市人民政府调研丁家垅村工作组县委、县人民政府的主要参与者，之后他一直关注丁家垅村的发展。他同意我的观点。他说：

"丁家垅是个有厚重文化历史的古老村落，这里的民风纯朴，追求上进，传承了 500 年的良好风尚。改革开放后，丁家垅村没有追随时代脚步前行，慢慢地落在了后面。这不是村民的责任，是村干部自己责任的迷离，才会有后来村民的离心离德。村民一心一意要走富裕之路，而村干部没有去指引、领导，导致村民的失望。"

吴主席继续说道：

"丁雪龙和他领导的团队顺应时代要求，抓住了'精准扶贫'大环境的有利条件，带领村民从改造旧道、修整水渠这些呼声高却一直未能解决的与之利益攸关的问题开始，让村民看到基层党组织的活力，看到他们牺牲自己小家为大家的优秀品质。党风改变了，民气也改变了。人心变了，有了归宿感。那些曾对村干部怀疑、观望的人看到了他们的努力，感受到了他们的真心，不再讲村干部坏话，而且也不允许别人讲坏话。百年优良家风族训得到恢复和传承。"

2016 年丁家垅村"两委"大事记上有这样答案："有了新的带头人，党员在看，群众在盼。"

丁雪龙接任村党支部书记后，党风转变了，民心向善了。村民们感受到了这种变化。村风在变，言论也在变，过去谈论村干部是非非，现在讨论以后村里怎么干。党员们也在这种干事创业的氛围感染下，增强了认同感和自豪感，过去不时发发牢骚，现在忙着干事情。许多在外的"能人"也愿意常回家看看。

新市镇镇长吴彩霞，2016 年底从县团委调任现职。她说："我来时，丁家垅村发生了天翻地覆的变化，从'软弱涣散村'，成为'美丽乡村'示范村，综合得分株洲市第一名，全省第二名。对丁家垅评语是：扶贫有成效，教育创新高，群众反映好。过去村里没有集体经济，土地也不多，水利设施落后，加上长时间内斗，渐渐失去了竞争力。村'两委'从 2014 年上任起，在郎老（艺珠）指导下，挖穷根，治穷路，修建株洲市村级第一条柏油路。一条路的修建，村容村貌提升，也提升村民的自信心。丁雪龙下这个决心是很有远见的。开始时，一直处在议论的风口浪尖上，今天却成为被学习和效仿的榜样。"

这几年，省、市、县各地前来参观学习的人络绎不绝。丁家垅村人在与外界交流中，提升了自己的幸福指数。省、市、县有关部门都愿意把一些活动放在丁家垅村。仅 2018 年就有上万人次来到丁家垅，这也是美丽乡村丁家垅对社会的贡献。

一、丁家垅网站消息之一

"她"夜校走进美丽乡村丁家垅

为了更好地发挥妇女同胞在家庭文明建设中的"半边天"作用，引导广大妇女及家庭建立文明、健康、科学的生活方式，同时也是为了避开劳作时间，攸县妇联以妇女之家为依托，开启妇女夜校模式。广泛开展以"最美庭院"创建为主题的"新农村新生活新农民"夜校培训。

2018 年 12 月 19 日晚上 7 点，正是利用大家跳广场舞的时间。在新市镇丁家垅村村委会内，"她"课堂准时开讲，来自村里的 80 多名农村大姐、大妈们齐聚一堂。课堂上，县妇联负责人围绕湖南省第十三次妇女代表大会工作精神和"创最美庭院"人居环境整治工作进行解读，对上级工作指示娓娓道来。贴近群众的声音让广大妇女受益匪浅。县妇联"帮帮团"的成员再就家庭卫生小技巧进行授课。创新的授课形式，简单实用的生活小窍门一下就吸引了大家的目光。妇女夜校开展了以"创最美庭院"为主题、玻璃清洁技巧为主题的新生活培训，向广大妇女群众和家庭传授卫生清洁、绿色生态、科学文明的理念和知识，帮助妇女革除生活陋习，改善个人形象和家居环境。发放了 80 余份"今日女报·展巾帼风采"的宣传册。并鼓励村巾帼卫生队每月带头组织开展至少 2 次"村庄清洁""家庭清洁"行动，做到"五净五不乱"，即：厨房净、厕所净、禽舍净、院落净、门前净，柴草不乱垛、粪土不乱堆、垃圾不乱倒、污水不乱排、禽畜不乱放；每月开展一次家庭卫生检查评比活动。将巾帼活动开展成村里的一道亮丽风景。

二、丁家垅网站消息之二

"3＋1" 姐妹帮帮团　脱贫路上不掉队

2018 年年初，为充分发挥妇女联合会执行委员会在助力脱贫攻坚中的作用，攸县妇联研究制定了"3＋1"姐妹帮帮团（3 名村妇联执委帮扶一户困难家庭）实施办法在新市镇丁家垅村试点推广。

3 月 4 日，省妇联副书记、副主席王邵刚一行来攸县调研时，对"3＋1"姐妹帮帮团做法给予了高度评价。

三、丁家垅网站消息之三

抓党建　转作风　促脱贫

2014 年，丁家垅村被列为"湖南省重点扶贫村"全村建档立卡贫困户 70 户，152 人。2014 年已脱贫 17 户，29 人；2015 年已脱贫 10 户，29 人；2016 年已脱贫 39 户，82 人；2018 年脱贫户 6 户，21 人。在各级部门和各位领导的关怀帮助下，通过结对帮扶到户，解决群众实际困难和具体问题作为党建脱贫的有力抓手，突出产业扶贫，增强造血功能，引导群众积极主动参与主体生产模式建设。抢抓国家惠农贷款政策机遇，帮助贫困户发展"油茶项目＋富硒稻"主体生产模式。为丁家垅村 15 名贫困学子争取助学金和"雨露计划"项目。

四、丁家垅网站消息之四

优化整合扶贫资源，实行精准扶贫

加快乡村基础设施建设，特别是着力加强农民最急需解决的生活基础设施建设是丁家垅永恒的目标。自 2014 年以来村里先后争取并实施了以下项目：农业水利灌溉设施（电排架设、应急线路架设）、村组道新修、村部小学改造、新建村民休闲活动中心、农网电力改造、绿化工程等。并实施了光伏发电、油茶种植、富硒水稻等产业扶贫项目。

五、丁家垅网站消息之五

勇扛扶贫责任　合力攻坚脱贫扶贫路上

2019年9月20日，攸县县委副书记、县长苏涛等来丁家垅村调研指导脱贫攻坚工作。要求：要着力抓好脱贫攻坚工作，推动脱贫攻坚工作更上一个台阶。调研中，苏涛详细了解了村里扶贫工作的开展情况和成效，倾听贫困户的心声。在颜运英家中，苏涛与之亲切交谈，听说她通过扶贫工作队、村领导长期帮助和在家中靠帮别人缝补衣服解决了治病就医问题，苏涛十分高兴，勉励她"打铁还需自身硬"，只要自己肯吃苦，通过自己的双手一定会走上致富道路，并送上1 000元慰问金。苏涛表示，脱贫攻坚战进入了决胜阶段，驻村工作队、村"两委"要扛紧责任、正视问题，一鼓作气、合力攻坚，坚决如期打赢脱贫攻坚战。

村党总支书记丁雪龙也在网站发表了感言，他先是感谢了村中的贫困乡亲，然后才是感谢社会力量：

感谢我村70户，152人贫困老乡。你们不仅一身淳朴与善良，更充满自信与坚韧。5年脱贫，注定荆棘满路，你们凭借对小康生活的一腔向往，自力更生、艰苦奋斗、誓甩穷帽，点燃丁家垅脱贫攻坚最强大的动能引擎！

感谢奋斗在攻坚一线的全体工作人员。面对5年集中攻克千年贫困顽疾硬仗，你们没有迟疑，背起行囊，远赴丁家垅，用智慧、汗水、热血谱写出丁家垅决胜全面小康最嘹亮的战贫凯歌！

感谢全社会对脱贫攻坚的关注与支持。涓流共汇，必将涌成江河；绵力齐聚，定能众志成城。丁家垅处处涌动着你们的无疆大爱，用温暖护佑羸弱者前行，让阳光照进贫困者梦想。你们的恩情，丁家垅人永不能忘！

在村委会，我又看到了2018年株洲市市人民政府以一号文件下发的《攸县新市镇丁家垅村现场办公会议纪要》，这个纪要提出了更为明确的发展方向：

1. 要统一认识，提高政治站位。丁家垅村是我市已脱贫的贫困村之一，也是全市脱贫攻坚战取得的阶段性成果之一。当前，发展好、建设好类似丁家垅村这样的脱贫摘帽村，对于巩固好我市现有的脱贫成果，树立可推广的经验典型具有重要政治意义。对此，市直各有关部门和攸县上下一定要统一思想认识，提高政治站位，统筹好长远发展目标，不仅要做好扶贫地区地方的脱贫工作，也要充分考虑脱贫地区地方的经济社会发展工作。

2. 要继续帮扶，巩固脱贫成效。市、县要继续加大对丁家垅村发展建设给予指导和支持，市农委、市住房城乡建设局、市水务局、市畜牧水产局、市两型办、市教育局、市交通局、市公路局、市扶贫办和攸县上下要围绕丁家垅村目前的发展状况，有针对性地提出新的帮扶措施，给予新的政策资金支持。同时，对过去市直相关单位承诺的帮扶资金要尽快落实到位（涉及单位包括：市水利局、市公路局、市两型办、市国土资源局等）。

3. 要注意引领，发挥示范带动。丁家垅村要结合好资源优势，发挥好示范带头作用，要按照美丽乡村建设标准开展创建工作，着重抓好厕所改建、饮水安全、垃圾处理、村庄绿化、危房改造等工作。同时，市、县有关单位要给予大力指导和支持，使丁家垅村真正美起来，靓起来，绿起来。

4. 要吃透上情，统筹城乡发展。各级各部门要紧跟中央的决策部署，结合中央、省有关精神，特别是要把贯彻落实中央十九大提出的乡村振兴战略作为当前一项重要政治任务抓好抓实。要通过类似丁家垅村这样的脱贫摘帽村，不断总结经验，以点带面，切实把实施乡村振兴战略与建设美丽乡村建设、城乡统筹建设等工作统筹起来，深化农业供给侧结构性改革，着力抓好产业发展工作，培养新型经营主体，打造新农村发展的升级版。

我在丁家垅村住了些时日，深感习近平总书记提出的"精准扶贫"是带领全体人民奔小康的重要举措且取得了辉煌成果。稳定扶贫成果外，还要"你心对我心"地完成帮扶贫困村庄存在的、靠自身能力一时解决不了的难题。村"两委"成员丁万里告诉我，在2016年以县人民政府名义下发的纪要中承诺的支持项目完成了，丁家垅村人已经享受到了政府扶持项目的成果，但在数年后承诺的资金还没落实到位，我以为此次纪要应该是落实彼次纪要的检查成果。

2016 年担任丁家垅全职第一书记的朱泊宇，在任上不到两年，参与了丁家垅村所有立项和脱贫目标，见证了一路走来的丁家垅。他坚持认为丁家垅的变，是全方位的变，不仅仅是水利设施的改造，也不仅仅是一条贯穿全村的柏油路，而是抓住了民生急切需要解决的；更是抓住了村民思想作风的转变。这种转变基层干部付出了艰辛努力，更是党的精准扶贫项目真正落实到位了。

丁万里，丁家垅村"两委"秘书，他是和妇女主任黄子平同年选入"两委"的成员，主要负责党建、扶贫、救助方面工作，是一个有思想，有荣誉感的年轻人，连任了两届班子成员。他的最大感受是村干部的责任感，村民每一件事都是党在农村工作的重要组成部分。村里贫困户大都是70～80 岁老人。村"两委"要求服务成员工作无死角，做好扶贫、救助工作"一公里"。

丁家垅的故事，无须夸大赞美。

扶贫路上，"实"才是最重要的字眼！

2015 年年末，丁万里忙着结婚，村民忙着过年，在外打工的人也忙着回村，村里很热闹。在外打工回村的还有一个伤残病人。他在金华打工时触了电，全身多处烧伤。虽是在外打工受的伤，应由工地方负全责。但看到他痛苦的样子，丁万里很揪心。作为主管扶贫、救助的村干部，他不能不管。他放下家里事情，与县医院联系，以"五保户"名义走绿色通道让这个病人住进医院。安置了病人后，他向书记、主任做了汇报，"两委"同意他去金华为伤者讨回公道的做法。打工村民往家赶，他却反道而行去了金华。找当地送伤者上车的火车站、派出所，了解责任方，并以村委会名义请了律师。3 天 3 夜，他几乎没合眼。办完这些手续返村时，年即将来临。想到刚刚娶进家门的媳妇此时独守婚房，很是内疚。车窗外下起了雪，雪花飘在原野，村庄里传来鞭炮声。

丁万里说："在我们的努力下，最终法院给予：公正判决，补偿伤者20 多万元。受伤村民拿到钱，非要给我一些感谢钱，被我拒绝了。虽然这个年过得很草率，但能帮助村民解决一件大事也是值得的。雪龙书记经常说的一句话，关乎村民利益的事就不是小事。"

丁家垅变了，村貌变了，人心变了，变在人们之间更和睦，变在相互更理解、包容。丁家垅村里发生的一件事验证了我的这个观点。

这个故事是郎大姐讲给我听的。

丁家垅的丁氏崇敬先人，尤其对先人安葬很在意，长辈逝去都要查看墓地风水，这是 500 年流传下来的习俗。多以山坡阳地为上好，而丁家垅村所处恰是平原，山冈就成了天成墓地。年年有人出生，年年有人故去，故去的人都被安葬在老头岭上。早年间人们并没意识到要整齐规划，年代久了，便看出了山冈上的墓地杂乱无章。

村"两委"成员认为，老头岭终将无空地可用。讨论多次后决定，整顿老头岭乱建墓地现象，但终不能下决心。动祖坟是湘东人大忌，弄不好又会引起一场风波，使刚刚恢复的良好民风走向倒退。这是个敏感的、艰难的抉择。村"两委"讨论后，把决定权交给村民代表拍板。以往这样的会议都无法开下去，大多时间都是在争吵，没人愿意动迁自家祖坟而迁就别人。而这次引起全村人关注的会议，竟然没有引起一点风波。

"'两委'的规划是为村民子孙后代考虑，我们支持。"

"老头岭成了乱坟岗了，再不规划，很快无地可用。"

通过讨论，大家达成一致意见：老头岭重新规划成公用墓地。

郎大姐告诉我，丁雪龙他们此前开了 4 次会，讨论迁墓可能会出现的问题以及处理方案，最后的结果让他们感到意外——村民们的意见如此一致！对此村民们解释说，村"两委"考虑的是村里大事，我们都该支持。

郎艺珠欣慰地说："丁家垅村久违的家风、民风、村风又回到了这个古老的村落。"

第 9 章 创业之路

上篇 飞到树上的鸡

村西有座小山，在我看来就是一片土岗坡地，丁家垸村人却叫它老头岭。丁家垸村的自然资源并不丰富，地下没有矿藏，地上没有森林，绿水就是白龙江，青山只能是以土岗坡地为元素了。丁家垸村人世代居住在山冈下的平原，自从建村以来，多以水稻种植为主要农作物，丁氏祖上看中的就是土地的实用价值。民以食为天，当社会还在缓慢发展的漫长历史进程中，这片土岗只能植树，如今它已经成长为一片密稠的森林，升为"村中八景"之一。林木是财富的象征，这里又成为逝人的安息之地。丁家垸村人不想让它废弃不用，去年就在岭下建起鸡场。这个鸡场里的鸡不圈在院里，它们是可以在树丛中飞来飞去的鸡，人们习惯叫它们"飞鸡"。

这个主意是郎艺珠提出的。她从长沙来到丁家垸，看到丁家垸村天天在变：一条漆黑发亮的柏油路从村头一直通到村中，烂泥塘、垃圾场改造成的村民文化广场，搬来了城市人的休闲生活模式。丁家垸村人还把文化元素通过三维动画表现在墙上。一个生动和谐的丁家垸引起市、县人民政府的注意。

丁家垸这个远近闻名的"告状村""上访村""贫困村"变了，从2014年的"两委"选举，到以丁雪龙为带头人的村"两委"连选连任。他们以扎实的工作作风从基础做起，改变人们对丁家垸村的印象。这些年，这些事，这群人，他们一次又一次让外界刮目相看，仅用4年时间还丁家垸一个"美丽乡村"雏形。

县委组织部部长视察来了。

市委组织部部长视察来了。

省委组织部督察组、省农委、省文化厅、省发改委考察来了。

省、市有关部门的领导视察来了。

省、市媒体记者也来了。

他们调查研究丁家垅村改变的成因。老党员、老干部、普通村民，他们几乎异口同声地说，是党和政府"精准扶贫"政策好，是丁家垅村"两委"班子对党的政策落实得好，是村干部们正派无私，一心一意谋村上发展，才会有丁家垅的乡村剧变。

丁雪龙们的努力得到村民的认可，认可了就一定要支持。丁家垅村人各吹各的号、相互间你告我、我告你的日子翻过去了。村"两委"的决定在村民中畅通无阻。

有了村民支持，村"两委"成员工作顺达多了，也有了心思转到了村上的经济发展。丁家垅村没有企业，也没其他经济来源，农民所有的收入依靠每人平均 6 分①的土地。地里刨食无法满足家庭生活需要，更多人选择外出务工。没有梧桐树，引不来金凤凰。丁雪龙他们的想法就是栽种更多的"梧桐树"，这些"梧桐树"就是村办企业。对没有任何亦企业基础的丁家垅来说，引进是最好方式。

攸县是个以农业为主的区域，没有几个可以对接上的合作企业。丁雪龙又外出请教，希望得到"精英""能人"的指导帮助，郎艺珠却主动来了。

湖南是个农业大省，农业专家众多。许多由专家指导的农业企业如雨后春笋般地在湖南出现了。郎艺珠在省老科技工作者协会工作时，认识了一些"精英""能人"。只要有利于丁家垅村人的脱贫致富，她都愿意去做些力所能及的事情。

一连几天，她和丁雪龙、丁卫东一起分析哪些项目可以引进来。村里没有钱，又想把事做好。所以投资大的，生产周期长的没办法考虑。

郎艺珠把记忆中扶持过的农业企业回忆了一遍，没有得出结果，心里

---

① 分为非法定计量单位，1 分＝66.67 平方米——编者注。

有些烦闷。腿脚又不方便，她让丁雪龙开车在村里走走。车开到村口不远处的老头岭脚下，她突然想起什么来："走，上山。"

因为是夏季，山上绿荫葱葱，高耸的树木遮天蔽日，有群鸟在头上飞过。望着飞去的鸟群，郎艺珠突然说："咱先建个养鸡场吧。"

鸡，不是普通的鸡，是一种会飞的鸡。"飞鸡"的特点是多动、生存能力强、肉质鲜美、不易得病。在广州一带，"飞鸡"深受市民欢迎，市场销路应该没有问题。

湘南最大的"飞鸡"饲养场在浏阳，郎艺珠在任省老科技协会常务副会长时，一直帮扶浏阳鸡场的"能人"袁风格，袁风格至今还感激她。因为"飞鸡"销路顺畅，袁风格又在有条件的地方创办了分场。而丁家垅村荒芜的山坡下的树林恰恰符合"飞鸡"的生长条件。

丁雪龙、丁卫东认同她的建议。

丁雪龙把建"飞鸡"场的想法报告给了新市镇人民政府。当丁家垅村村容村貌、民风改变了之后，扶贫目标也已有所改变。扶贫的目的不是政府给多少补贴，而是通过政府扶持，培植自身造血功能。此前，镇领导也想通过多种渠道引进外援，但都没有成功。听了丁雪龙汇报，镇领导认为办"飞鸡"场的想法可行。

村、镇都对办"飞鸡"场有信心，郎艺珠就把电话打给浏阳"飞鸡"场老板袁风格，细细说明了丁家垅村情况，请他给予支持。袁风格一口应承下来，当即表态："在我最艰难时候，是您老人家带着老专家帮助我、扶持我，才会有我的今天。您提出的要求，我哪有不同意的?"

郎艺珠提醒说："小袁啊，我可跟你说，他们养鸡是外行，需要你给予技术扶持。他们也没有销路，都要你带着他们走。"

袁风格保证道："场址我帮选，技术我包教包会，饲料我给供应，防疫我负责，销路也不是问题，前期带帮他们，引上道他们自己就会干了。"

听了这些话，郎艺珠很是感动。农民朴实啊，你当年帮了他们，他们总是记得你的滴水情分。郎艺珠问袁风格："一万只鸡规模需要多大投资?"

袁风格想了想说："我成本价供给鸡苗，加上修鸡场、鸡舍，至少30万元。"

有了袁风格的承诺，郎艺珠把与袁风格的讨论结果告诉了丁雪龙。这毕竟是村里的第一家企业，大家都很兴奋。高兴之余，人们犹豫了：投资那里来呢？这是横在眼前的又一只拦路虎。

村里拿不出钱了。郎艺珠说："个人凑吧，我也算一份，拿出 2 万元。"

郎艺珠的行为再一次感动了大家。通过多方筹集资金 32 万元，作为村集体入股资金，开始了"飞鸡"场的建设。

郎艺珠带领镇、村干部到浏阳参观、学习养"飞鸡"技术，回村后立刻上马养鸡场，这是村办集体企业的新开端。

我来到鸡场时，是一个秋末的傍晚。地处湘东攸县的丁家坳村被夕阳笼罩着，余晖花花点点洒在老头山山脚，满山的树木似乎被镶嵌着一层层金粉似的，格外耀眼夺目。负责"飞鸡"场的，是一位 60 岁的老汉和他的老伴，他们的脸上露出和蔼微笑。几百只鸡在鸡场里悠闲地踱来踱去。老汉和他的老伴张开双臂，嘴里不停地吆喝着。正在山上大片林地里啄食的"飞鸡"，听见呼唤声，从四面八方飞奔而来，这是鸡入窝前补食的信号。几千只鸡从天而降，太壮观了。

管理"飞鸡"场的老汉介绍说，这些鸡就是从袁风格鸡场购买来的飞鸡崽长大的。这种鸡肉质细嫩，营养价值高，但是它们和其他鸡不一样的地方，就是喜欢飞到树上睡觉。

"竟然还有飞到树上栖息的鸡？"我惊讶不已地问老汉。

老汉见我满脸狐疑，一个劲儿地冲着我笑："那你可以亲眼看看啊！"

为了验证老汉的话，我驻足在鸡场，观看它们是怎样飞上树的。夕阳坠入云谷，天暗下来了。一只黄色的母鸡，一边发出"咕咕咕"的呼唤，一边用眼睛盯着面前约有 3 米长距离的一棵柳树，突然炸开翅膀，准确地飞到柳树枝杈上。站在枝杈上，它继续发出"咕咕"的呼唤。很快，4 只小鸡齐刷刷地站在树下盯着母鸡。一只小鸡蓦然扑腾着翅膀飞到树上，另外 3 只小鸡也不甘示弱先后飞到母鸡身边。挨挤在母鸡身边的小鸡，露出脑袋张望着鸡场工人，甭提多萌了。

大群鸡已经陆续归窝。黑影里，隐约中会发现还有一些鸡在树下绕来绕去。老汉说，它们在寻找上树的角度。果然，不一会儿，它们都纷纷展开翅膀准确地飞到它们认为的理想树杈上。仔细观察，鸡场里已空荡荡的，没有鸡影在走动了。借着灯影，发现鸡场大小树杈上都蹲着三五只飞上树的鸡。

丁雪龙说，鸡场建起2年多，目前存栏达2万多只，开始有了收益。明年（2019年）鸡场鸡的数量将发展到3万只，存栏"飞鸡"达到这个数量，就是中等鸡场了。

"飞鸡"名声在外，丁家垅村养"飞鸡"被外界关注了。"能人"袁风格没有失言，帮助丁家垅弄起了"飞鸡"场，还帮助建起外销渠道。县、市里的一些大饭店也都指定要丁家垅的"飞鸡"。

丁家垅村还在不断总结在饲养"飞鸡"经验基础上，进一步扩大鸡场规模。离开鸡场的路上，丁雪龙还在津津有味地说着鸡场的前景。

中篇　荷塘里的月光

初夏傍晚，我决定到村里湖边走走，丁雪龙陪着我。村里文化广场上早早地点亮了灯光。饭后，村民开始有人来这里散步。广场上放送着舞蹈的乐曲，有人伴随着舞曲翩翩起舞。劳作一天了，这里成了丁家垅村人的休闲场所。

按照行政区划，文化活动场地通常设在在村委会所在地。丁家垅村民的住地分散且呈窄条形，不能满足稍远处的村民文化需求。村"两委"广泛争取资源，除了填埋臭水塘，建起丁家垅村文化广场外，还在村民小组屋场建设起了4个家门口小广场。按丁雪龙说法，这叫打通文化服务的"最后一公里"。

为此，丁家垅村还上了《人民日报》。记者引用专家的话说："基层尤其是农村公共文化发展的关键，应由有能力、有积极性、有责任心、有资源的人来带动，否则政策也难落实。"

株洲市文体广新局谢春丽副局长说："目前全国的实际情况是公共文化机构提供服务无法覆盖广大农村，提供的服务内容大众化，没有针对贫困人口的特点提供特色文化服务。特别是贫困农村网络覆盖率低，受到网络限制的公共文化服务项目无法提供。"

显然，丁家垅走在了前面，让村民不出门就享受到"新鲜实在的文化大餐。"

外来参观的人们对丁家垅村的变化更为深刻：

"参观的汽车还没进村，一片广阔的莲花池映入眼帘，人们精神顿时为之一振。远眺一望无际的金黄色稻田，远近绿黄相衬，呈现一片欣欣向荣的丰收景象，令人欣喜不已。车辆驶入居民区，在丁家垅文化广场牌坊前停下来，巨大石雕吸引了采风者的眼球。大家明白了，丁家垅文化广场从这里将掀开第一页。宽阔的广场周边，种植各种常绿树，广场边上设有健身器材、休闲坐椅、方桌，正面建了一座设备齐全的乡村大舞台，供村民们展现才艺。这里经常举办大型的歌舞晚会，而且档次不低……沉浸在莲香弥漫的世界里，几乎令人忘了来时路。一个书画棋牌休闲广场，另一个才艺展示的中心广场，风格不同又相得益彰。"

我们的脚步绕过龙塘组，前面就丁家垅的荷塘。这时节的荷叶已经铺满了荷塘，荷莲、花苞在灯影里晃动。丁雪龙告诉我，这片 300 多亩的荷塘，原来是一般农田，收入并不多。后来，了解到江桥镇严良村省劳模彭礼华开发出了莲荷新品种。他就带人去参观，感受到千亩荷塘连接天边的壮观景象。而丁家垅村里土地少，条块分割杂，产生的效益并不多，又占用大量劳力资源。参观回村后，村"两委"召集相关村民讨论引进莲荷的意义，得到村民积极响应。

彭礼华的莲荷品种名为"太空 6 号"，花期达 2 个月，供人观赏时间长，每年每亩产干莲籽近 100 公斤，这些莲籽称湘莲，在东南亚市场很受欢迎。村民同意土地流转，整体包租给彭礼华，村民可以获得土地流转租金，在荷塘打工又可增加一份收入。

与村民达成一致意见后，丁雪龙、丁卫东又多次找彭礼华协商。彭礼华被丁家垅村领导的真诚感动，同意投资丁家垅莲荷基地。

"我当初想法很简单，单打独斗的生产模式已经过时了。丁家垅村土地少，每家几分地很难有大作为。土地流转后，村民有了固定土地租金，还可以像在城市做工一样，增加一份收入。"丁雪龙说。

月光悄然洒在荷塘里，看不见绿荷是否长成莲蓬，是否摇动花蕊，看不见是否有蜻蜓在暮色里扇动翅翼在荷塘里飞舞。我还想象着，清晨阳光扑进荷塘那一瞬时的热闹：肥硕的绿叶上有珍珠在滚动，蛙儿们从叶片上跳入荷塘，莲花伸直腰，铆足了劲儿地生长，只为展示自己的妩媚和靓丽。

有人从对面走来，是一对相依情侣。他们在散步，亲密地说着细语，感受到交谈中的惬意。他们许是城里的观光者，许是土地的拥有者，不论是谁，塘岸边走走，内心是愉悦的，连天接地的荷田即便在夜里也会让人产生美好遐想。

"开发荷花基地，除生产湘莲，还可开发水产品养殖，家禽养殖，观光垂钓，投资人也是看中了丁家垅村未来的发展。"

丁家垅村底子薄，有心扩大村集体的经营项目，资金缺乏捆住了手脚。还因为村民多是以农田为主，对经营很陌生。引进外资也是改变丁家垅现实条件的发展方向。

丁雪龙信心满满地说："瞧着吧，用不了几年还会有丁家垅村在外地做生意的人回来，在家乡办工厂。我们准备好办厂条件，凤凰会飞回到自家梧桐树上垒窝。"

"流转土地农民就业怎么解决呢？"我不解地问。

"基地聘有专业技术员，其他请村民帮工，像翻地、施基肥，下种，撒药，采莲都需要人手。"

"荷塘里也要撒药？"

"莲花叶人可食的，虫害也多。主要是斜纹夜蛾，如不及时喷洒农药，能在3天内吃光整个基地的莲荷。"

丁雪垅看我不解的眼神解释道："这种农药低毒，不影响环保。"

荷花基地开发，引进项目投资，是丁家垅村"两委"的尝试，目的只有一个，小块土地整合，解决村里闲散劳动力。荷花基地涉农195户，每户除收入土地租金外，每年打工还可增收千元以上。丁雪龙把这种合作叫做共赢的"公司＋基地＋农户"模式。

荷花基地是丁家垅村的新开端，也给了村"两委"很好启示：引进利用外来资金发展农村经济。发展什么产业？丁雪龙是费了很多脑筋的。莲荷是引来品种，那么传统上的经济植物又有哪些？

这样的讨论、争执有许多次。

穿过一片开阔地，挨着荷花基地是还没有成熟的富硒晚秋水稻农田。它们承载着村民热切的希望，改变因重金属侵袭带来的疾病。

新市镇吴镇长总结道："致贫原因有多种，因病致贫是一个，村里没有产业，缺乏生机也是原因之一。他们通过各种渠道引进企业，成立集体控股的农业有限公司，实行土地流转，大力发展养殖业，扶持专业户，建起'飞鸡场'，种植富硒稻和再生稻，开挖荷池湖，也为乡村旅游做足了准备。"

下篇　丁家垅村又上新项目了

村里老辈人告诉丁雪龙，岭上的油茶树算是丁家垅的传统特色，那里生长着野生油茶树，村民们也在荒沟乱岗上种了许多。现在很多人都知道，茶树油有降低胆固醇、平衡血压、调节血糖，改善人体机能、增强身体免疫力等作用。

早在 20 世纪 60 年代，当时的生产大队组织劳力垦荒，栽种了攸县薄壳油茶 200 多亩，3 年时间枝头上挂果了。到了 90 年代末期，村里进行油茶林改造，挖掉老苑油茶树，栽上嫁接的新品茶苗，现在也普遍挂果了。油茶果从开花到熟果要经历 5 季的风霜雨雪，承四时雨露甘霖，始得成熟。油茶果搾出来的茶油，被誉为"食油之王"，食之使人觉得既无油腻之虞，又有强身健体之效。市场上茶油价格很高，野生茶油价格会更高。油茶林是一种经济林，更是一种公益生态林：四季常青，净化空气，调节气候，蕴含水源，有利于水土保持。

丁雪龙说，油茶树入冬开花，花果共枝，又共处于绿叶衬托之中，绿白红黄浑然一体，自然成为一道美丽风景。早年栽种的油茶林现在已并入丁家垅村旅游线路。"两委"就商量，在现有规模基础上，继续扩大栽种面积。

2014 年前，村里没有支柱产品。要想富，先修路。修好路干什么呢？还是要发展经济。丁家垅村人口多、土地少，怎样把有限的土地利用到极致？"两委"成员还是动了不少脑筋的。

在老头岭的山冈上，绿树掩映，清风习习，鸟儿在树林间窜来窜去。

因为远离民宅，这里不仅环境优美，还很安静。头些年，有人尝试在这里建度假山庄，不知何故，项目没能做成。

丁雪龙几次来老头岭考察，这么一块空地总该有它的用武之地啊。他在电视上看见风力发电的壮观场景，丁家垅村显然不具备那样的自然环境和条件。能不能上太阳能光伏发电呢？有了这个想法，他和丁卫东商量。丁卫东沉思一会儿说："光伏发电当然好，不用占耕地，只要阳光充足，没有遮挡的地方都可以，听说费用可不小。"

丁雪龙告诉丁卫东，政府鼓励有条件的地方上光伏发电，而且还是扶贫项目呢。

两个人达成共识后，村"两委"会上讨论，大家意见一致。丁雪龙就去找镇委王宜斌书记汇报，王书记很支持他们的想法，同意按扶贫报批丁家垅村在老头岭上建的光伏发电项目。

太阳能发电是个新鲜事，通过吸收器，就能把阳光热能转变为电能，可能吗？有水位落差的河流建水力发电站，有煤矿的地方建火力发电站，咱这没条件的村也能上项目发电？村民觉得这是个新鲜事。

能，而且很快动工修建了。

光伏发电站建在荒芜的原度假山庄旧址上。这里日照时间长，从天亮到傍黑都会有充足阳光。光伏发电是丁家垅因地制宜发展的村级经济项目。山上架设了变压器，建成了变电站，村里还派专人去负责管理。光伏发电站可谓是一举两得，有利于环境保护，所发的电能还可与国家电网并网，每年为村里创收6万元以上。

另一条好消息也让人兴奋：2019年丁家垅村被湖南省人民政府评为"省级美丽乡村示范村"。

这个消息是郎大姐发给我的。丁家垅村从"上访村"变成的"学习村"，从"省级贫困村"转变为省级"美丽乡村"，这个过程只有短短的4年。

各级政府也派人来总结丁家垅村蜕变成因。

郎大姐说，丁雪龙和他所领导的村"两委"一班人，2014年上任后，不负众望，经历了坎坎坷坷，终于使丁家垅回归本来面目。丁家垅村的发展在全省或者全市不一定是最好的，却是变化最大的。丁家垅村人说，他们努力了。现在，丁家垅村成为"美丽乡村"。我认为，丁家垅走进"美丽乡村"行列，是省、市、县各级政府精准扶贫的成功典范。

一个闻名的"上访村""告状村""省级贫困村"在短短 4 年中，依靠政府政策帮扶，基层干部身体力行，全体村民的团结努力，有了如此大的改变，那一条沟渠、一块山坡、一亩池塘、一条村路都凝聚着他们的辛劳和汗水。

丁家垅也是党在农村基层组织建设的典范。一个有着厚重文化历史的村庄，因为基层党组织不能很好发挥引领作用，村民不团结，矛盾重重，陷入长达 10 多年的内斗，错过了加快发展的大好时光，成为领导不愿去、村民不买账、外出打工人不愿回而近乎被社会忽略了的村子。丁雪龙、丁卫东等几个普通党员，放弃自己的企业，回到农村参加重建村民自信的伟大事业中，在各级党委、人民政府的支持下，在众多乡亲友人关怀下，开创了适合丁家垅村前行的新路。

攸县县委书记康月林说："我下乡第一站，选择去丁家垅检查乡村公路。我去看了他们的鸡场，这是村办第一家企业，而且是个人集资所建，很了不起。我希望有更多人这样做，哪怕只做一点贡献。众人拾柴火焰高嘛。"

第 10 章　不是结束的结束

上篇　洪灾来临的时候

一年多的采访到此本该结束了，却因为湘东 2019 年 7 月 7 日开始的一场突如其来的大雨，让我们的脚步又停顿在了丁家垅村。

6—7 月是湘东雨季，而这雨来得又是连绵不断。年年有雨季，习惯了半月只听雨声，不见太阳，屋地水渍渍，墙面长青苔的日子。今年的雨季不一样，进了 5 月，雨稀稀拉拉就没间歇过，又有多个台风也从南海海面形成，向腹地推进，湘东首当其冲。

进到 7 月，梅雨季变成暴雨季，上游酒埠江水库再也承受不起饱和的洪水压力。泄洪，减轻毁坝决堤的风险。

7 月 8 日这天晚上，有关部门发出上游水库泄洪的紧急通知。第二天中午、下午 3 点连续开闸放水，白龙江被上游的洪水灌满了，洪水又快速泻到下游丁家垅村。越过江堤的洪水很快淹没了庄稼地、荷塘，又毫无阻挡地占领了地势较低的农居。

雨还没有停歇的意思，一连数日暴雨，灌进丁家垅村农家。村民们先还是趟着水在底层做饭，很快一层淹没了，人们撤到二层。从窗口向外看，白龙江上了岸，白茫茫一片。

村头通向外界的水泥桥很快被冲垮了。

丁家垅村成了洪水中的孤岛，被迫切断了交通。

老辈人说，这是湘东百年未遇的洪灾。

丁家垅村怎么样？白龙江桥被洪水冲断了，人们只能站在江对岸焦急地打听丁家垅村情况。回答他们的是风声、雨声和手机断断续续的通话声。

7月初，丁雪龙在株洲参加民政工作会议，每天晚上定时与村主任丁卫东通话，了解水势。他知道泄洪水流量大，却没想到9日泄洪超过了1982年那年泄洪的600个流量，测定达到850个流量。这水势使处于白龙江下游的丁家垅村早已变成一片汪洋。

丁雪龙看见妻子发来大哥家被水淹了的视频，想到几家地处更低凹处的人家，他心情紧张了，会是开不下去了。拿起手机正要给丁卫东打过去，丁卫东电话先来了。丁卫东说，村里看不见路面了，怡香园完全泡在水中。怡香园原来是个臭水塘，后改造成了文化广场，江水也是从这里快速上岸进村的。丁雪龙向会议主持人请了假，冲进风雨中。他要赶回丁家垅村和村民一起抗洪。

通往丁家垅村的桥冲垮了，他必须从上游寻找进村的渡口。县防汛办公室给他弄到一艘冲锋舟，派人从上游把他送到丁家垅村。

不用通知，"两委"成员先后来到村委会。没有寒暄，不用解释，洪水来了，丁家垅村主心骨们这时表现出了冷静、坚定和果断。丁卫东让两人一组查看村民受灾情况。两个组村民受灾严重，查明的受灾村民有四五十户。这么大面积水灾百年不遇。丁雪龙担心家中只有老人、病人的困难户，提出组织人快速上门帮助他们自救。

7月9日洪峰达到最大流量。丁家垅村各村民小组组长来了，留在村里的党员来了，他们中许多人没有被通知，也没有被动员，但是他们来了，齐刷刷地站满村委会的会议室，他们要和村干部一起抗洪救灾。此时，没有人说话，只等村领导一声令下，闯进雨中。

安置在攸县的三峡移民坐着冲锋舟来到了丁家垅，协助丁家垅村民开展自救，这是唯一进到丁家垅村的外援队。

两只冲锋舟的到来，救援工作顺利多了。丁雪龙、丁卫东把自发来的村民小组组长、党员分成小组，24时派人值班，其他人分到受灾群众家中，帮助向高处转移财产、人员。

村干部来了，村民心里很暖。村干部家里也进了水，没顾惜自己家，而是来到村民中间。

洪水退下去了，丁家垅村已是一片狼藉，1 900亩被淹没的庄稼地，900多亩几乎绝收。丁家垅村人没有哀怨，没有哭泣，在"两委"成员组织下，开展自救。

我再次来丁家垅时，已经到了2019年9月底，丁家垅村又恢复了原来的面貌，这是我没有想到的。

下篇　家乡，一缸深埋地下的老酒

我的老家在东北农村，我在偏僻的山沟里度过童年、少年，后来虽然进了城，那山水是至今依旧留在记忆中最纯、最美、最醉人的风景，那乡音是至今听到最亲切、最悦耳、最动人心弦的乐曲，不管走出多远，我忘不了村头那棵承载百年风雨的老槐树以及围绕它发生的故事。至于少年时吃过的苦，受过的艰辛，都会记在心上。家乡，就像一缸深埋地下的老酒，时间越久，味道越纯正、越醇香。

在采访前后的近一年多时间里，我对丁家垅有了一份深深的感情。我常独自一人在绵绵细雨中散步，这时远山就是一幅朦胧的水墨画，丁家垅村是画布中的近景。这景色纯净，纯得你想去抚摸它。田畴茂盛，生长着富硒稻谷，翠绿的野地像一块划着方格的地毯铺满村外田野。白龙江两岸绿柳成荫，野鸟在嬉戏、啄食。此时，江堤、绿树、野鸟已成为丁家垅村这幅画面上不可或缺的一部分。

硕大的荷叶盖在荷塘水面上，荷花绽放出醉人的淡淡清香，而眼前这一栋栋连起的新楼房成为绿色海洋中靓丽的主角。

有人问我，来这里有什么样感受？我说，我羡慕在外乡的丁家垅人，能拥有这样一方如痴如画的故土。

我理解了在株洲市工作的丁勇说的那句话："我告诉朋友，我是攸县丁家垅人，我向他们讲述丁家垅的变化。变化了的家乡，处处是风景，处处有笑声。"

这小丁也是性情中人，他不但赞扬家乡变化，还组织亲友来这里旅游参观。他让更多来丁家垅村的参观者传播家乡的美，就像那位唱歌的女孩儿，用自己甜美的声音唱出家乡是块幸福地一样。

可以肯定地说，丁家垅村的发展不一定是全国最好的，它的经济产值远比不上江苏华西村、安徽小岗村、辽宁的大梨树村，但丁雪龙他们坚持发挥党在基层组织的作用，使一个落后村发生了翻天覆地的变化。那些屹立在中国农村改革金字塔上的典范，无法模拟和效仿，而丁家垅村的成功经验告诉我们：一切皆有可能。

我更愿意推介丁家垅村，丁家垅村的变化具有代表性、可行性。丁家垅的过去可能就是你身边正在发生的，丁家垅村变迁经验可能是你正在苦寻的良方。丁家垅村不需要涂脂抹粉的修饰，它的成就摆在你视线所能触及到的地方。

丁家垅村的经验是真实的，没有水分；丁家垅村的经验是现实的，有引领作用。愿所有还戴着"贫困"帽子的村干部都来学学丁雪龙和他所领导的丁家垅村"两委"团队。

攸县组织部部长李易常分析了党在农村基层组织存在的重要性，他充分肯定了以丁雪龙代表的最基层党员干部的栋梁作用：

"当丁家垅村出现族群分裂，经济发展不前时，镇党委、人民政府审时度势，顺应民意推举了丁雪龙、丁卫东、丁万里、黄一平等人。今天看来，他们完美地为上一级党组织的正确决定画上句号，成为改变丁家垅村的原动力。

"丁雪龙是一个有思想、有抱负，敢于担当的农村普通党员，致富不忘乡亲，这是值得肯定的美德。他的抱负曾被误解，他的自尊曾被伤害，他的情绪也曾一度低迷，但他不忘初衷，紧密依靠组织，虚心向老党员、老领导请教，接受批评，振奋精神，带领班子成员，团结全村乡亲，用自己的行动改变了家乡的面貌，实现了自己竞选时的诺言。他的作为是被肯定的，政绩写在了丁家垅村的土地上。"

攸县政协主席吴爱清认为，一个国家、一个民族要前行，要发展，需要一个有卓越思想、有远大目标的领导人，这个国家、民族才会有方向。一个村的管理也是同理，麻雀虽小，五脏俱全，做好很不容易。丁雪龙的出现，是顺应时代的要求。精准扶贫，是习近平总书记提出的战略思想，是消灭贫穷，减少差距的一项国策，丁家垅村做到了。

丁家垅村跻身为"湖南省美丽乡村建设示范村"之列，不是偶然，也不是幸运使然，而是脚踏实地干出来的。这种改变，不仅是一种社会现象，而且是一种颠覆传统、牵动未来的新时代的号角。

丁家垅村如同一幅融古铄今的山水画，它坐落在湘东一隅，向世人呈现出别有洞天的新时代的田园画卷，它呈现出来的美，让你流连忘返，让你深深地迷醉。倘若你到了那里，你迷醉的不仅仅是那里旖旎的自然风光，也不仅仅是这个村新上马的这个项目、那个项目，而是人与人之间的那种人性中最本真的血浓于水的亲情和乡情，如同一壶老酒一般浓烈和醇香。"人心齐，泰山移"诠释了丁家垅村沧桑巨变的不二法宝。丁家垅村的故事很感人，与其说丁家垅村是湖南一部乡村志，还不如说它是这三湘大地上其中的一张精美地图，我们循着这一幅精美地图，从中会找到这个村为什么由落后到先进；由一个"问题村"一跃跻身为"湖南省美丽乡村建设示范村"的所有答案。

2018 年 10 月初访攸县丁家垅
2019 年 11 月完稿于北京桃塬谷